전등수필
傳 燈 隨 筆

달을 듣고 바람을 보네

전등수필
傳 燈 隨 筆

달을 듣고
바람을 보네

월암月庵

귀로 보고 눈으로 들어야
무정설법이니
물고기가 달을 듣고
새들이 바람을 보네.

책을 펴내며

부처님과 조사의 가르침의 종지는 생사해탈에 있다. 즉 생사가 그대로 해탈인 도리가 불조佛祖의 혜명慧命이다. 다음은 『선문염송』에 제시된 공안이다.

殺盡死人 方見活人
活盡死人 方見死人

죽은 사람을 죽여 다하여야만 비로소 산 사람을 보고
죽은 사람을 살려 다하여야만 비로소 죽은 사람을 본다.

그대는 죽었는가, 살았는가? 본무생사本無生死요, 생사일여生死一如이다. 하지만 중생들은 생사의 고통 속에서 윤회하고 있다. 어떻게 하면 생사를 해탈할 수 있겠는가.
대혜 선사는 "무상이 신속하니[無常迅速], 생사의 일이 크다[生死事

致]."라고 하였다. 선에서의 생사는 일념생사一念生死이다. 한 생각 일어나면 생生이요, 한 생각 사라지면 사死이다. 한 생각 일어났다 사라지는 것이 생사라면, 사람은 하루에 오만 번의 생사를 거듭하고 있는 셈이다. 생사윤회가 일념 가운데서 이루어지고 있다.

일념생사를 설한 혜능은 일념수행으로 생사를 해탈할 것을 주장하고 있다. 『단경』을 통해 말하기를, 일념생사로부터 고통받고 있는 사람은 일념수행을 통해 일념해탈을 성취해야 한다고 하였다. 그러므로 선문에서는 '한 생각 일어나면 바로 깨달으라[念起卽覺].'고 말하며, '깨달으면 바로 무념이 된다[覺之卽無].'고 수증修證의 방법을 제시하고 있다.

한 생각을 일으킴으로써 생사를 거듭하고 있지만 사실은 한 생각 일으키는 주체도, 생각의 대상마저도 본래 공空함을 깨치면 일으킨 바 없이 일으키는 중도의 일념이요, 중도의 생사이다. 이렇게 불이중도不二中道를 깨침으로써 생사해탈이 이루어지는 것이다.

전등사서에 수록된 불조의 수증에 대한 기연들은 격외格外의 도리를 보여 줌으로써 심지자성心地自性을 바로 깨닫게 하기도 하고, 격내格內의 언구를 활용하여 진여일심眞如一心에 이르게 하는 방편을 구사하기도 한다. 그것이 격외의 도리가 되었든 격내의 언구가 되었든 불이중도의 이치를 증득하게 하는 것은 마찬가지이다.

승과제도가 시행되었던 앞선 시대에 선종 계통의 시험 과목이 바로 『전등록』과 『선문염송』이었다. 비록 현재 국가적 차원에서 시행되는 승과제도는 없어졌지만 그래도 수선납자가 기본적으로 익혀야 하는 이력 과목이 이 두 권에 수록된 수증의 길이다. 그러나 요즘의 수선납자들은 시대의 흐름 탓인지 전등의 종지에 사무쳐 수증의 길을 탐문하지는 않는 것 같다.

『전등록』과 『선문염송』을 비롯한 여러 전등사서를 열람하면서, 오늘의 출가수행자들이 여러 권의 사서를 모두 공부하기는 어렵겠지만 핵심 종지에 대한 정견을 갖추고, 재가수행자들은 불조의 수

증기연 가운데 귀감이 될 만한 언구를 삶의 지침으로 삼기를 바라는 마음이 간절하였다.

그리하여 전등사서 가운데서 짧고 쉬운 글귀를 뽑아 수필 형식을 빌려 『전등수필』로 엮어 보았다. 그동안 불자들에게 법문으로 전하거나 문자로 전송한 글귀들을 모아 부족하지만 세상에 드러내는 것은, 인연 닿는 독자들의 삶이 바로 수행과 깨달음으로 승화되어 허망된 집착을 여의고 구경 행복을 실현하기를 희망하기 때문이다.

한결같이 수행공동체에 함께하는 불이선회의 스님들과 재가불자들께 깊은 감사를 드리고, 교정에 힘써 준 예진, 성민, 자명, 효경, 영선, 명정, 진정, 불인 등 스님들과 불연 김지훈 거사의 노고에 치하를 드리고자 한다. 아울러 담앤북스 석담 오세룡 사장님과 직원 여러분들께도 심심한 감사를 표하는 바이다.

閑山月影無人境　한산월영무인경
巖罅淸水無歇涌　암하청수무헐용
晴空滿月無生生　청공만월무생생
卽現不二禪宗旨　즉현불이선종지

한산의 달그림자 보는 이 없는데
바위 틈 맑은 물 쉼 없이 솟는구나.
갠 하늘 둥근 달 생한 바 없이 생하니
바로 불이선의 종지를 드러냄이로다.

세존응화 계묘년 하안거 결제를 앞두고
한산사 용성선원에서 월암 和南

차례

한 생각에 걸림이 없으면
어디서나 해탈이다

얻음도 잃음도 없다	16
사양하면 남는다	20
한 생각도 일으키지 않을 때	22
오직 할 뿐	25
두 번째 화살	28
생사즉시	31
봄빛에 꽃 피네	33
경계를 대하여	36
성품은 작용하는 데 있다	38
앙상한 고목	41
불꽃 속의 연꽃	45
원한을 돌이켜	47
살인도와 활인검	50

해가 뜨고 달이 져도
허공은 그대로이다

구름은 하늘에 있다	54
본래 생사가 없다	57
호떡 내기를 하다	59
가을바람에 온몸이 드러나네	62
손에 신 한 짝 들고	65
광명이 홀로 빛나서	68
가도 가도 그 자리	71
간택이 허물이니	73
흰 구름 걷히면 청산	76
진정한 출세	79
이목구비경	82
부엌의 세 문	85
우두백조	88

너무 가까이 있으면
보이지 않는다

물빛 암소	92
말할 수 없다	94
법연사계	97
열반은 빚을 갚는 것이다	100
부처를 만나면	103
발아래를 살펴라	106
죽어야 산다	108
밤마다 부처를 안고	111
나귀가 우물을 쳐다보면	114
법식쌍운	117
뿌리 없는 나무	119
눈을 져다 우물을 메우되	122
불착과 수순	124

꿈을 꾸는 사람이 바로
꿈 깨는 그 사람이다

깨어 있는가	128
작년 가난은 가난이 아니다	130
원융무애	134
수류화개	137
놓고 또 놓아라	140
풀잎마다 조사의 뜻이	143
무심이 도다	147
참부처는 안에 있다	150
자성견과 수연견	152
즉색즉공	155
지옥이 있습니까?	157
나귀 매는 말뚝	160

알지 못함은 금과 같고
알아 얻음은 똥과 같다

부처와 조사는 오직
그대만을 위해 법을 설한다

백척간두에서 나아가라	164
어디서나 주인	166
말에 떨어지다	168
오직 모를 뿐	172
허공의 눈짓	175
자가보장을 찾아라	177
앎이라는 한 글자	179
점심을 먹다	182
눈 가득 푸른 산	185
불락인가, 불매인가	187
제불통계	190
큰일과 작은 지조	193
말과 침묵	195
선도 악도 생각하지 말라	198

일하지 않으면 먹지 마라	202
조주고불	204
스승 師	207
오온 본래 공	209
온몸이 밥	211
은혜 갚는 법	213
생사 바다 넓으니	216
빈손에 호미 들고	218
도둑질도 사람이 한다	221
선분별과 수분별	223
고금에 변치 않는 도	225
삼생성불	227
사자상승	230
무정이 설법한다	233

그림자를
따라가지 마라

마음이 일어나지 않는 곳	238
천 개의 눈	241
깨달음과 실천행	244
듣는 성품을 들어라	247
동산삼로	250
소가 창살을 빠져나가다	252
주인 있는 사미	254
탄생왕자	257
천하를 훔치다	259
수행의 다섯 가지 조건	261
죽비를 들고	263
참된 출가란	265
이 몸 이전의 몸	268
청정본연하거늘	271
내생으로 이어지는 이유	273

거울에 비친 모습은
돌아서서는 볼 수 없다

조계의 한 방울 물	278
부처와 중생이 없는 세계	279
망념불기	281
마음 닦는 일	283
병 속의 병아리	285
아미타불은 어디 있는가	287
누가 선사인가	290
가장 급한 일	292
참구를 종지로 삼다	293
모두가 보리이다	295
일대사인연	297
온몸이 입이 되어	299
무위정법의 향	302
업보는 있으나 짓는 자가 없다	304

한 생각에 걸림이 없으면
어디서나 해탈이다.

얻음도 잃음도 없다

『벽암록』에 '얻음[得之]과 잃음[失之]'의 공안이 제시되고 있다. "얻었다고 하나 본래 있었던 것이고, 잃었다고 하나 본래 없었던 것이다."*라는 내용이다. 본래 얻음도 없고 잃음도 없다**는 중도를 일러 주고 있다.

다음은 『공자가어』에 전해 오는 이야기이다.

초나라에 한 왕이 있었다. 그는 명궁으로 이름나 사냥에서 활을 쏠 때에는 단지 몇 개의 화살만을 사용하였는데, 언제나 적중했기 때문에 화살을 회수하여 다시 사용하곤 하였다.

어느 날 사냥에서 왕이 목표물을 향해 화살을 날렸지만 그만 빗나가고 말았다. 보석으로 장식된 귀한 화살이었기 때문에 반드시 찾아야 했다. 하지만 우거진 숲으로 날아간 화살을 다시 찾을 길이 없었다.

왕은 화살을 도로 찾는 일이 어렵다는 것을 깨닫고 은혜를 베푸

- 得之本有 失之本無.
- 本來無得失.

는 심정으로 이렇게 말했다.

"초인실지, 초인득지"*

즉 '초나라 사람(왕)이 화살을 잃어버렸으니, 초나라 사람(백성)이 화살을 얻을 것이다.'고 하면서 화살 찾는 일을 그만두게 하였다. 당시 사람들은 초왕의 도량이 넓다고 칭송하게 되었다.

공자가 이 이야기를 듣고 말했다.

"안타깝구나. 왜 생각을 크게 갖지 못했을까. '초楚' 자를 빼고 '사람이 잃은 것을 사람이 얻는다.'**고 하였으면 좋았을걸."

초왕의 그릇이 작아서 초나라라는 범위(틀)를 벗어나지 못한 것을 지적한 것이었다.

공맹의 도를 숭상하던 조선 시대 어느 여름날, 선비 몇이 정자에 앉아 이 고사에 대해 이야기하고 있었다. 마침 그 옆을 지나가고 있던 탁발승과 동자승을 향해 한 선비가 이렇게 말했다.

"대사, 잠시 쉬어 가시지요."

숭유억불의 시대라 약간은 하대하는 어조로 스님들을 불러 세우며 자신들이 신봉하는 유학을 자랑하고자 '실지失之, 득지得之'의 고사에 대한 탁발승의 견해를 시험해 보았다.

이야기를 들은 탁발승이 조금도 주저함이 없이 공자의 "사람이 잃은 것을 사람이 얻는다."***라는 말에서 '사람 인人' 자를 지워 버리

* 楚人失之 楚人得之.
** 人失之 人得之.
*** 人失之 人得之.

고 '잃어버리면 얻게 된다.'*고 일필휘지로 써 보였다. 이에 선비들은 행색이 남루한 일개 탁발승의 견해에 탄복해 마지않았다.

이때 옆에 있던 동자승이 어쭙잖다는 표정을 지으며 말하였다.

"제가 한번 고쳐 보겠습니다."

동자승이 붓을 들어 쓰기를, '실지失之, 득지得之' 앞에 '없을 무無'자를 더해 '무실지無失之, 무득지無得之'라고 하는 것이 아닌가. 즉 '잃을 것도 없고, 얻을 것도 없다.'는 뜻이다.

진제의 도리에서 보면 얻을 바도 없고, 잃을 바도 없는 본래 그 자리 그대로일 뿐이다. 그래서 『반야심경』에서도 모든 법의 공한 모습이 "생한 바도 없고 멸한 바도 없고[不生不滅], 늘어남도 없고 줄어듦도 없다[不增不減]."라고 설하고 있다. 더 나아가 "지혜마저 없고[無智] 또한 얻을 바도 없다[亦無得]."라고 설하고 있는 것이다.

사실 얻음이 곧 잃음이요, 잃음이 곧 얻음이 아니겠는가. "얻었다고 하나 본래 있었던[得之本有] 부처요, 잃었다고 하나 본래 없었던[失之本無] 중생"일 뿐이다. 종일 밥을 먹어도 한 톨의 쌀알도 씹은 일이 없고, 종일 배회해도 한 뼘의 땅을 밟은 적이 없다.

『보장론』은 말한다.

"한 법도 보내지 아니하고 한 법도 얻지 아니하며 한 법도 닦지 아니하고 한 법도 증득하지 아니하여 성품이 깨끗한 천진天眞이라야 가히 대도大道이면서 참된 하나[眞一]이다."

* 失之 得之.

너를 잃으면 나를 얻고
나를 잃으면 너를 얻는다.

사양하면 남는다

어떤 단월이 스님들께 말했다.

"우리 집에 솥이 하나 있습니다. 평소에 떡을 찌면 셋이 먹기에는 부족하나 천 사람이 먹으면 남습니다. 스님들께서는 어떻게 생각하십니까?"

스님들이 아무 대답을 못하고 있을 때, 운거도응 선사께서 말했다.

"다투면 부족하고 사양하면 남는다."

많은 것이라도 다투면 항상 부족하다. 그러나 콩 한 쪽이라도 나누면 인정이 남아돈다. 나누면 천당이요, 다투면 지옥이다. 경에서 말하기를, "구하는 것이 있으면 중생이요, 구함이 없으면 부처"라고 하였다. 탐욕이 있는 사람은 천만금이 있어도 늘 부족하다. 욕심이 끊어진 사람은 있는 그대로 완전하다. 수행인은 구하여 다툼이 없다. 다만 나누어 풍족할 뿐이다. 본래 성품이 구족하다.

사양하는 마음이 없으면
사람이 아니다.

한 생각도 일으키지 않을 때

설두중현 선사가 행각 중에 운문종의 선지식 지문광조를 찾아가 머물렀다. 어느 날 스승에게 물었다.

"한 생각도 일으키지 않을 때 어떤 허물이 있습니까?"*

지문은 설두를 가까이 오게 하였다. 설두가 다가오자 지문은 손에 들고 있던 불자拂子로 얼굴을 쳤다. 설두가 뭐라고 말하려 하자 다시 얼굴을 쳐 버렸다. 이로부터 설두중현은 크게 깨닫고 송을 읊었다.

밝은 구슬 손바닥 안에 있으니, 공功이 있는 자가 상을 받네.
오랑캐도 한족도 오지 않으니, 기량이 전혀 없네.
기량이 이미 없으니, 마왕 파순마저 길을 잃어버리네.
부처님, 부처님. 나를 아시겠소, 모르시겠소?**

---

* 不起一念 云何有過.
** 明珠在掌 有功者賞 胡漢不來 全無伎倆 伎倆旣無 波旬失道 瞿曇瞿曇 識我也無.

이 공안에 대해서는 운문종의 개조인 운문문언 선사가 일찍이 한 납승의 질문에 대답한 바가 있다.

"한 생각도 일으키지 않았을 때도 또한 허물이 있습니까?"

"수미산이다."※

무념이란 아무 생각이 없다는 것이 아니다. 생각하되 생각함이 없는 것[念而不念]이 무념이다. 한 생각도 일으키지 않는 것이 무념이 아니라, 한 생각을 일으키되 그 생각에 집착이 없어 대상에 끄달림이 없는 것이 무념인 것이다. 즉 생각하되 생각함이 없고, 생각함 없이 생각하는 여실지견如實知見의 중도가 무념이라면, 아무 생각 없는 고요함은 한쪽에 치우친 반쪽짜리 공부에 불과하다.

고요한 가운데 고요함은 참된 고요함이 아니고, 시끄러운 가운데 고요함이 진정한 고요함이라고 『단경』에서 말한 바 있다. 삶 전체가 고요함의 선정이 되어야 하는 것이지, 억지로 마음을 모아 선정에 들어 고요함을 지키고 있다면 그 허물은 수미산을 능가할 것이다.

일념으로 경계를 돌이켜 중도의 무념을 밝힌 자는 공로가 있어 결코 헛되지 않으니 상을 받을 만하다. 한 티끌도 없는 명경지수明鏡止水에 무슨 한족이니 오랑캐니 하는 분별의 파도가 일어날 수 있겠는가. 번뇌 망념이 본래 없는데 그것을 없애는 기량은 필요하지 않다.

※ 不起一念 還有過也無. 云須彌山.

마음 거울 밝아지면 번뇌도 보리도 둘이 아니니, 누가 부처이며 누가 마왕이겠는가. 번뇌가 보리요, 마장이 방편이다. 밝히고 보니 본래부처였는데, 다시 부처를 찾을 일이 있겠는가.

―

만약 한 생각에 걸림이 없으면
어디서나 해탈이다.

오직 할 뿐

　원 율사가 대주혜해 선사를 방문하여 물었다.
　"화상께서는 도를 닦음에 노력하는 바가 있습니까?"
　"노력합니다."
　"어떻게 노력하십니까?"
　"배고프면 밥 먹고, 졸리면 잡니다."
　"모든 사람이 다 그와 같이 하는데 화상과 무슨 차이가 있습니까?"
　"같지 않습니다."
　"어떻게 다릅니까?"
　"그들은 밥을 먹을 때 밥만 먹지 않고 백 가지를 생각하며, 잠잘 때 잠만 자지 않고 천 가지를 계교합니다. 그래서 다릅니다."
　원 율사는 말이 없었다.

　청허휴정 선사는 이렇게 읊고 있다.
　"천 가지 계교, 만 가지 생각이 화롯불에 떨어지는 한 점 눈송이다."•

• 千計萬思量 紅爐一點雪.

범부는 종일토록 마음이 천 가지 경계, 만 가지 생각에 끄달려 굴러다닌다. 한 생각에 천당을 만들었다가 또 한 생각에 지옥을 만들어 천당과 지옥을 유전하고 있다. 육도윤회가 한 생각에 있다.

그러나 수행자는 오직 할 뿐이다. 밥 먹을 때 밥만 먹고 잠잘 때 잠만 잔다. 그것뿐이다. 단순명쾌하여 맑고 밝을 뿐 다른 망념이 없다. 시월의 티 없는 하늘 같을 뿐이다. 현재 하는 일에 집중하지 못하고 다른 생각에 빠지는 것, 즉 지금 여기에서 일어나고 있는 일이 아닌 과거에 일어난 일이나 아직 일어나지 않은 미래의 일을 좇는 심리 상태를 현대 심리학에서는 '마인드 원더링(mind wandering)'이라고 한다.

『금강경』에서는 "과거의 마음도 얻을 수 없고, 현재의 마음도 얻을 수 없으며, 미래의 마음도 얻을 수 없다."라고 단호하게 말하고 있다. 실체가 없어 공空하기에 어디서도 자취를 찾을 수 없는 생각의 그림자를 좇아 종일 바쁘게 굴러다니는 것이 사람들의 심리 상태이다. 이러한 일념육도一念六道의 윤회로부터 벗어나 한 생각으로부터의 해방을 부르짖는 것이 혜해 선사의 가르침이다.

서양 철학자 몽테뉴도 "나는 춤출 때는 춤추고, 잠잘 때는 잠잔다."라고 주장했다. 생각이 일어나면 바로 알아차리거나, 바로 공임을 깨달으면 된다. 알아차리면 위빠사나요, 깨달으면 선이다. 위빠사나와 선이 어찌 다르겠는가. 한 생각 일어남을 알아차리면 번뇌가 멈추니 고요한 선정(사마타)이요, 한 생각이 고요한 가운데 비추니 지혜(위빠사나)이다. 현대인들의 마인드 원더링을 치유할 대안이 명상이요, 참선이다.

보되 보는 바 없이 보고
들되 듣는 바 없이 들으며
생각하되 생각한 바 없이 생각함이
가장 기특한 일이다.

두 번째 화살

하루는 부처님에게 바라문이 와서 마구 욕을 했다. 가만히 욕을 듣고 나서 부처님이 바라문에게 질문했다.

"당신의 집에 손님이 와서 음식을 대접했는데 손님이 그 음식을 먹지 않는다면 그 음식은 누구의 것입니까?"

바라문은 "당연히 먹지 않았으니 그 음식은 나의 것이 됩니다."라고 했다. 이때 부처님은 "조금 전에 당신이 욕한 것을 나는 받지 않았는데 그 욕은 누구의 것이 되는가?" 하고 바라문에게 묻는다.

달마 대사 역시 '보원행報冤行'의 가르침에서 "내가 지금 겪고 있는 모든 괴로움과 어려움은 과거에 지은 원인에 의한 것이니 달게 받으라."라고 설하고 있다. 사람들은 욕을 들으면 들음과 동시에 욕을 먹어 버린다. 욕하는 사람은 자기 업식으로 욕을 한다. 그러나 욕을 먹고 안 먹고는 나의 일이다. 경계를 대했을 때 경계를 좇아가지 말고 경계 이전의 마음자리를 반조返照하는 지혜가 필요하다.

사람이 어떤 경계에 부딪혔을 때 일차적으로 좋고 나쁨이 있게 마련이다. 대상에 대해 즐겁거나 괴로운 느낌이 일어나는 것은 범부나 성현에게도 마찬가지이다. 이것을 부처님은 "첫 번째 화살을 맞는다."라고 표현했다. 중생은 즐거우면 즐거운 대로 집착하고, 괴로우면 괴로운 대로 집착한다. 반면 현명한 성현은 즐겁고 괴로운 생각이 공한 이치를 알기에 움직임이 없다. 이것을 "어리석은 사람은 두 번째 화살을 맞지만, 지혜로운 사람은 두 번째 화살을 맞지 않는다."라고 한다.

어느 때 세존께서 제자들에게 질문하셨다.

"비구들이여, 세상 사람들도 괴로운 느낌[苦], 즐거운 느낌[樂], 괴롭지도 즐겁지도 않은 느낌[捨]을 느끼고, 너희도 그 세 가지를 느낀다면 도를 배우는 너희와 그들의 차이는 무엇이겠느냐?"

"세존이시여, 저희는 세존을 근본으로 하오니 원컨대 가르쳐 주옵소서."라고 제자가 대답했다.

세존께서 말씀하셨다.

"비구들이여, 세상 사람들은 이 세 가지 느낌을 받으면 거기에 휘말려 혼란을 일으키느니라. 그것은 세 가지 느낌이라는 첫 번째 화살을 맞고 난 뒤에 혼란이라는 두 번째 화살을 맞는 것에 비유될 수 있으리라. 그러나 참된 가르침을 배운 사람은 세 가지 느낌을 받아도 거기에 휘둘려 혼란에 이르지 않는데, 나는 이것을 두 번째 화살에 맞지 않는 것이라 이르느니라."

깨달은 부처님도 우리 범부들과 똑같이 첫 번째 화살은 맞는다고 하였다. 범부는 첫 번째 화살을 맞고 곧이어 두 번째 화살을 맞지만 지혜로운 성인은 두 번째 화살을 맞지 않는다.

돌부리에 걸려 넘어졌을 때, '아프다'고 느낀다. 이것이 첫 번째 화살이다. 누구나 첫 번째 화살은 맞는다. 즉 어리석은 범부도 아프다고 생각하고 부처님도 똑같이 아프다고 생각한다. 그런데 부처님은 그 생각이 공한 줄 알기에 그것으로 아무 일이 없다. 반면 어리석은 범부들은 생각 따라 집착하여 두 번째, 세 번째 화살을 연거푸 맞게 된다. "어떤 놈이 여기에 이런 걸 놓아뒀어? 사람 잡으려고 환장했나!"라며 소리 지르고 욕하고 화내며 난리를 부린다. 두 번째 화살뿐만 아니라 세 번째, 네 번째 화살로 인해 고슴도치가 될 지경에 이른다.

『잡아함경』은 이렇게 설한다.

"어리석은 이는 어떤 대상을 접하고 거기에 대하여 괴롭고, 즐겁고, 괴롭지도 즐겁지도 않다는 느낌을 갖는다. 그다음 그것에 대해 슬퍼하고 눈물 흘리며 원망하고 울부짖는다. 그러나 지혜로운 이는 어떤 느낌을 갖더라도 근심, 슬픔, 원망, 울부짖음 같은 증세를 보이지 않는다. 그것은 괴롭거나 즐거운 느낌에 더 이상 집착하지 않고 얽매이지 않기 때문이다. 비유하면, 어떤 사람이 첫 번째 화살은 맞았으나 두 번째 화살은 맞지 않는 것과 같다."

남의 허물을 보지 않고
자기의 허물을 보는 것이
선가의 수족手足이다.

생사즉시

가야산 해인사 장경각 주련에 이런 글이 있다.

圓覺道場何處 원각도량하처
現今生死卽是 현금생사즉시

깨달음의 도량이 어디인가?
지금 나고 죽는 여기이다.

　깨달음의 도량, 즉 부처님 나라가 어디냐고 묻고, 지금 생사가 있는 그곳이라고 답한다. 선禪에서는 한 생각 일어나면 생生이요, 한 생각 멸하면 사死이다. 생사가 교차하는 지금 여기가 열반이다. 이 언덕에서 보니 저 언덕이 아름답게 보이고, 저 언덕으로 건너가 보니 다시 이 언덕이 아름답더라. 이 언덕이 저 언덕과 같더라. 그래서 피차가 일반인 것이다.
　지금 여기에서 깨어 있고 열려 있으면, 지금 여기가 정토요, 극락이다. 지금 여기를 살아라. 과거심으로 돌아가지도 말고, 미래심을 상상하지도 말고, 현재심에 안주하지도 말고 오직 이 순간에 깨어 있고 열려 있어라.

어제의 태양으로 오늘의 옷을 말릴 수 없고, 오늘 밤 달빛으로 어젯밤 그림자를 비출 수 없다고 하였다. 다만 생生이 공하고, 사死가 공한 줄만 알면 된다.

―

피안彼岸이 어디인가?
지금 여기.

봄빛에 꽃 피네

설두중현 선사가 읊었다.
"온갖 꽃, 봄이 오니 누구를 위해 피는가?"*

봄이 오면 백화가 피어난다. 형형색색 제각각의 자태를 뽐내며 피어난 봄꽃은 과연 누구를 위해 피는가? '보는 이를 위해서', '자기 자신을 위해서', '괴로운 이를 위해서', '그냥 자연의 순리대로' 등 각양각색의 생각을 굴린다. 그러나 어느 것이 정답이겠는가? 천지간에 누가 있어 번개 같은 기지로 생각 이전의 한마디를 이를 수 있겠는가.

다시 물어본다.
"온갖 꽃, 봄이 오니 누구를 위해 향기를 뿜는가?"**

마찬가지로 제각각 답을 내놓을 수 있을 것이다. 어느 것이 정답이고, 어느 것이 정답이 아니겠는가? 너도 옳고 나도 옳다. 해도

---

* 百花春至爲誰開.
** 百花春到爲誰香.

좋고 달도 좋다. 산은 높고 바다는 깊을 뿐, 있는 그대로 무진장 법문이다.

경허 선사는 "봄빛이 비추니 꽃 피지 않는 곳이 없다."라고 읊었다.

승조 법사는 일찍이 이렇게 일러 주고 있다. "천지는 나와 더불어 한 뿌리요, 만물은 나와 더불어 한 몸이다."**

이것이 있으면 저것이 있고, 이것이 없으면 저것도 없다는 연기의 도리까지 가져올 필요는 없다. 눈 밝은 사람은 여실지견如實知見하여 있는 그대로 놓아두고 일체 시비를 잠재울 뿐이다. 다만 빛이 꽃이 되고, 꽃이 빛이 되는 불이不二의 시절인연을 귀하게 여길 줄 안다.

삭풍 속에서 인고로 견뎌 온 나목의 숨결인 양 백설의 천지에 봄볕이 스며들고 있다. 겨우내 안으로만 얼어붙은 처마 밑의 고드름도 기지개를 켜고 수직으로 내려앉아 대지와 입 맞추고 있다. 만물이 번뇌 망념, 근심 걱정 훌훌 털어 버리고 봄빛으로 출렁이고 있다.

불이不二의 언덕에 한 송이 꽃으로 살아가는 동업중생, 웃음꽃도 피고 울음꽃도 피어난다. 웃음꽃이 함께 피니 피안이 이곳이요, 울음꽃도 함께 피면 이곳이 피안이다. 웃으면 밝아지고 울면 맑아진다. 맑고 밝은 세상, 이야말로 화장장엄의 대동세상 아닌가.

* 春光無處不開花.
** 天地與我同根 萬物與我一體.

내가 없는 가운데 나로, 네가 없는 가운데 너로 살아감이 대동이다. 태어나되 남이 없으니 생生 가운데 무생無生이요, 남이 없되 새롭게 거듭나니 무생 가운데 생이로다. 무생법인無生法忍을 깨침이 구경 행복이다.

세계는 한 송이 꽃이다[世界一花].
꽃 피기 전에도 꽃이요,
꽃 핀 후에도 꽃이다.

경계를 대하여

경계를 물리치는 것이 높음이 되고
경계를 좇아가는 것이 낮음이 된다.

암두전할 선사의 말이다.
『법구경』에 "사람이 흙덩이를 던지면 어리석은 개는 흙덩이를 쫓아가지만, 지혜로운 사자는 던지는 사람을 물어 버린다."라고 하였다. 중생은 경계를 따라가고, 수행자는 경계를 돌이켜 반조하고, 부처님은 경계에 자재할 뿐이다.

경계를 따라가는 중생은 순경계가 오면 끌어당기고, 역경계가 오면 밀쳐 낸다. 이것이 집착이다. 수행자는 순역의 경계에서 좋고 싫음의 집착을 내려놓고 경계가 공함을 돌이켜 비춘다. 부처님께서는 경계 자체가 없으므로 어떤 경계가 오더라도 자재하여 중생을 이롭게 한다.

수행자가 공부를 지어 감에 경계가 없는 고요한 곳에서 수행하는 것보다 경계가 치성한 곳에서 수행함이 훨씬 어려운 것이다. 그래서 고인이 이르기를, "산중에서 선정을 닦는 것은 귀한 것이 되지 않는다. 경계를 대하여 움직이지 않는 것이 어려움이 된다."*라고 하였다.

참선 수행을 고요한 아란야**의 선방 안에 가두어 버리고, 오래 앉아 있음을 귀하게 여긴다면 일체처一切處 일체시一切時의 어떠한 경계에서도 성성적적惺惺寂寂으로 수행방편을 삼는 화두선의 역동성을 죽이는 결과를 낳게 된다. 대혜 선사가 묵조의 종지를 잃어 버리고 오래 앉음의 폐풍에 젖어 있는 무리들을 향해 묵조사선默照邪禪이라고 강력하게 비판한 정신은 오늘날까지도 유효한 것이다.

망념이 적적하고 화두가 성성하여 화두삼매에 든 수행자가 오래 앉아 있음이 어떻게 허물이 될 수 있겠는가. 앉아서 졸거나 망념의 침범을 받으면서 시간을 죽이고 있는 행태의 오래 앉음을 귀하게 여길 수누 없는 것이다.

'몸에 옷을 딱 맞추려는 병'이
가장 치유하기 어렵다.

* 山中禪定未爲貴 對境不動是爲難.
** 아란야阿蘭若란, 고요한 수행처를 말한다.

성품은 작용하는 데 있다

옛날에 이견왕이 바라제 존자에게 물었다.
"어떤 것이 부처입니까?"
"성품을 보면 부처입니다."
"스님께서는 성품을 보셨습니까?"
"나는 불성을 보았습니다."
"성품이 어느 곳에 있습니까?"
"성품은 작용하는 데에 있습니다[性在作用]."
"이것이 어떻게 작용하길래 나는 지금 보지 못합니까?"
"지금 분명히 작용하였건만 왕이 스스로 보지 못합니다."
"나에게도 있습니까?"
"왕께서 만일 작용하신다면 이것 아님이 없고, 만일 작용하시지 않으면 체體 또한 보기 어렵습니다."
"작용할 때는 몇 군데에 나타납니까?"
"나타날 때는 마땅히 여덟 군데가 있습니다."
"그 여덟 군데 나타나는 것을 마땅히 나를 위해서 말씀하소서."
"태에 있으면 몸이라 하고,

세상에 처하면 사람이라 하고,

눈에 있으면 본다 하고, 귀에 있으면 듣는다 하고,

코에 있으면 향내를 맡고, 혀에 있으면 말을 하고,

손에 있으면 잡고, 다리에 있으면 걷고,

두루 나타나면 모래 수와 같이 많은 세계를 모두 싸고,

거두어들이면 하나의 작은 티끌 속에 있으니,

아는 이는 이것이 불성인 줄 알고,

모르는 이는 정혼精魂이라고 합니다."

왕이 듣고 곧 마음이 열리어 깨달았다.

성性이란, 상相이 공한 것을 말한다. 자성이나 본성을 몸과 마음 너머에 있는 고유한 실체로 이해해서는 안 된다. 성은 상으로 인해 작용을 드러내고, 상은 성으로 인해 공함을 밝힌다. 즉, 상 가운데 성을 보아야 하고, 성 가운데 상을 보아야 한다.

'성품이 작용하는 데 있다[性在作用]'는 말은 성상융회˚의 입장에서 성품은 작용하는 모양을 떠나 있지 않고, 모양 또한 성품을 여의지 않았기에 모양 가운데서 성품을 보고, 성품 가운데서 모양을 보는 것이 견성성불이 되는 것이다. 성품이란 모양 너머에 실재하는 그 무엇이 아니라, 모양이 공한 참모양에 붙인 거짓 이름에 불과한 것이다.

그러므로 일체유위의 모습이, 꿈과 허깨비와 물거품과 그림자와

• 성상융회性相融會란, 성품[性]과 형상[相]을 융섭하여 회통하는 것을 말한다.

같아서* 실다운 모습이 없으니, 만약 모습을 모습 아님으로 보면 바로 여래를 볼 것**이라고 설하는 것이다. 마조도일 선사 역시 "모양에서 모양을 보면 중생이요, 모양에서 성품을 보면 부처를 이룬다."라고 하였다.

성품이 작용하는 데 있다면
우리는 매 순간 성품을 보고 있으니
항상 견성하고 있는 것이 아닌가.

* 一切有爲法 如夢幻泡影.
** 若見諸相非相 卽見如來.

앙상한 고목

대매산에 은거한 법상 선사는 마조를 참알하고, "무엇이 부처입니까?"라고 물었다. 마조가 "마음이 부처이니라." 라고 하자 그 자리에서 바로 견처가 열렸다. 법상은 마조 문하를 떠나 명주의 대매산에 들어가 40년을 은거하였다.

당시에 같은 마조의 상족(上足: 수제자)인 염관제안 선사 문하에서 수행하던 어떤 수좌가 대매산에서 주장자로 쓸 만한 나무를 구하려다 길을 잃어 법상이 머무는 초암에 이르게 되었다. 수좌가 화상에게 물었다.

"화상께서는 얼마 동안 이 산중에 계셨습니까?"

"다만 온 산이 푸르고 붉은 것을 보았을 뿐이다."

"산을 벗어나려면 어느 쪽으로 가야 길이 있습니까?"

"흐르는 물을 따라가라."

그 수좌가 염관 선사를 만나 대매산에서 어떤 화상을 만난 일을 말하였더니, 염관 선사는 "내가 강서에 머물 때 스님 한 분을 만난

---

* 卽心是佛.

뒤로 소식이 끊어졌는데 혹시 그 스님(법상)이 아닐까 생각이 든다."
라고 했다.

　다른 스님을 대매산으로 보내어 혹시 법상 스님이 아닌가 여쭈었더니 아래와 같은 게송을 읊었다.

　앙상한 고목이 차가운 숲에 의지했으니
　몇 차례 봄을 만나도 마음이 변하지 않네.
　나무꾼이 보고도 돌아보지 않거늘
　영인이 무엇하러 애써서 찾겠는가?●

　여기서 '앙상한 고목'이라고 한 '최잔고목摧殘枯木'이란, 말라 비틀어져 아무 쓸모 없는 나뭇가지를 지칭한다. 즉, 수행을 통해 번뇌 망념이 다 떨어져 나간 경지가 최잔고목인 것이다. '차가운 숲에 의지한다'는 것은 일체의 경계가 쉬어졌음을 이르는 말이다. 인식 주관과 객관 경계가 함께 무화無化된 주객일여의 경지를 읊고 있는 것이다.
　인연 따라 응하되 변함이 없고[隨緣不變], 변함이 없되 인연 따라 응함[不變隨緣]을 드러내어 "몇 차례 봄을 만나도 마음이 변하지 않네."라고 표현하고 있다. 고목이 봄을 맞이함은 번뇌가 끊어진 무심의 경지에서 만 가지 경계에도 흔들림이 없는 완성의 단계를 서술한 것이다. 고목은 텅 비어 고요함[空寂]이요, 봄을 맞이하여 꽃을 피움이란 신령한 지혜[靈知]로 인연에 응함이다.

●　摧殘枯木依寒林 幾度逢春不變心 樵客遇之猶不顧 郢人那得苦追尋.

나무꾼은 참선수행을 하는 선객을 이르는 말이다. 평범한 수행자도 일체 경계에 집착함이 없기에 본체만체하는 것이다. 여기서 영인郢人의 영郢은 초나라의 서울을 일컫는다. 즉 영인이란 서울 사람을 말하니, 도를 깨달은 본분작가本分作家인 염관제안 선사를 가리키고 있는 것이다. 그래서 다음과 같은 게송이 이어지고 있다.

한 못의 연잎으로 옷은 다함없고
몇 그루의 송화로도 먹고 남음이 있네.
원치 않게 세상 사람들에게 머무는 곳 알려지니
다시 띠집을 깊은 곳으로 옮겨 기거해야겠네.•

나옹 혜근 선사가 「백납가」에서 "이익도 구하지 않고 명예도 구하지 않으니, 누더기 납자 마음 비어 무슨 망상 있으랴. 발우 하나로 살아온 인생 어디서나 만족하니, 다만 이 한 맛으로 남은 생을 보내리."••라고 하는 경지와 비슷한 느낌을 받는다.

구함이 있으면 중생이요, 구함이 없으면 부처이다. 구함이 없이 구하면 대심범부大心凡夫이다. 법상은 심산유곡인 대매산에서 40년을 은거하다 말년에 자취를 드러내어 스승 마조의 '즉심시불'의 종지를 선양하고, 호성사를 창건하여 7백 명의 대중을 지도하다 원적에 들었다.

• 一池荷葉衣無盡 數樹松花食有餘 剛被世人知住處 又移茅舍入深居.
•• 不求利亦不求名 百衲懷空豈有情 一鉢生涯隨處足 只將一味過殘生.

일체 경계에 끄달림이 없는 경계가 최잔고목이다.
눈 감고 삼 년, 입 닫고 삼 년, 귀 막고 삼 년이라야
도에 나아갈 수 있으려나.

불꽃 속의 연꽃

『유마경』에서 설했다.

"불꽃 속에서 연꽃이 피는 것은 희유한 일이다.

욕망의 세계에 살면서 선禪을 행하는 희유함도 역시 그러하다."•

부휴선수 선사는 격외선格外禪의 도리를 종지로 세웠다.

"기틀을 당해서 활안活眼을 열고, 사물에 응해서 현풍玄風을 떨쳐라. 여기서 한 걸음 더 나아가 비로자나의 정수리를 밟으면, 연꽃이 불꽃 속에서 피어나리[火中生蓮]."

불꽃 속에서 연꽃을 피우는 일이 무엇인가. 평상심으로 살아가는 것이다. 마조 선사는 평상심이 도라고 하였다. 평상심이란 일상 가운데서 항상 불이중도不二中道로 깨어 있어 경계에 흔들림이 없는 마음이다. 살아 있는 눈을 가져 거짓 경계에 속지 않고, 일체 사물에 응하되 미혹함이 없어, 평상심의 도를 깨달으면 번뇌 망념 가운

• 火中生蓮華 是可謂稀有 在欲而行禪 稀有亦如是.

데서 바로 연꽃이 피어난다.

얼마나 오랜 세월을 근심 걱정의 불꽃 속에 애태우며 살아왔던가. 그러나 이 근심 걱정의 번뇌가 바로 송이송이 연꽃임을 알지 못했다. 불꽃 속에서 연꽃이 피는 것이 아니라, 불꽃이 그대로 연꽃임을 어찌 알았겠는가.

오욕의 불꽃 속에서 무위진인無位眞人의 참사람으로 살아가야 한다. 불꽃 속에서 날마다 타 죽지 않고, 생각 생각에 한 송이 연꽃을 피우자. 크게 믿고, 크게 용맹심을 내고, 크게 의정을 내어 참구하고 참구하면 어느 날 문득 연화지가 목전에 나타날 것이다.

부휴 선사는 이렇게 격려하고 있다.

"도는 다른 데 있지 않고 오직 나에게 있다. 부디 먼 곳에서 구하지 말라. 마음을 안으로 거두고 선창 밑에 고요히 앉아 밤낮으로 조주선을 참구하라. 맑은 바람 뼛속 깊이 파고들어 홀로 떠도는 나그네, 만리 고향이 바로 눈앞이로다."

올해 농사 흉년 든 것보다
금년 안거에 눈 밝힌 납자의 소식 없음이
더 안타까운 일이다.

원한을 돌이켜

 선의 종지가 견성성불과 요익중생에 있지만, 역사 이래 선수행자들이 요익보다는 견성에 치우쳐 왔음은 어쩔 수 없는 인지상정인 듯하다. 달마는 일찍이 입도의 방편으로 '이입理入'과 '행입行入'을 동시에 설하고, 아울러 깨달음과 실천행이 일치하는 자가 조사(스승)라고 밀했다.

 이입이란 이치를 참구해 들어감이요, 행입이란 실천행을 통해 들어가는 것을 말한다. 행입에는 네 가지가 있다. 첫째 보원행報冤行, 둘째 수연행隨緣行, 셋째 무소구행無所求行, 넷째 칭법행稱法行이다.

 첫째, 보원행은 수행자가 고난과 고통을 당할 때에 과거 자신이 지은 행위의 과보라고 생각하여 남을 원망하지 않는 행이다.

 둘째, 수연행은 즐거움이나 괴로움은 인연 따라 생기고 멸하므로 거기에 동요하지 않고 수순하는 행이다.

 셋째, 무소구행은 밖으로 구하는 것을 그치고, 안으로 자성불을 드러내는 행이다.

 넷째, 칭법행은 부처님 법대로 행하는 것인데, 자신의 성품이 본래 공空임을 깨달아 그 실천으로 육바라밀을 닦는 행을 말한다.

사행四行 가운데 특히 보원행에 주목해 볼 필요가 있다. 보원행이란 원한을 돌이켜 깨달음에 나아가는 것[體寃進道]을 강조한다. 인생을 살다 보면 원망하는 마음이 생기고, 원수 같은 사람도 만나게 된다. 이럴 때 대부분의 사람들은 밖으로 증오심을 드러내어 상대를 원망하고 욕하며 공격하게 된다. 결국 악업에 악업을 보태는 삶을 살아가고 만다.

그러나 수행자는 안으로 마음을 돌이켜 이 모든 것이 내가 지은 원인에 의한 결과임을 자각한다. 원망하는 마음이 인연의 과보로 생겨난 허상이기에 실체가 없음을 바로 알아 업을 돌이켜 깨달음으로 나아가게 한다. 악업을 그치고 도업으로 나아가니 이것이 바로 체원진도의 업장소멸법이다. 노자가 말하는 도 또한 이와 같다.

도를 닦음은 나날이 덜어 내는 것이다.
덜어 내고 덜어 내어
함이 없음에 이를지니
함이 없음은 하지 못함이 없다.*

가지고 온 업 보따리만으로도 무거워 끙끙거리는데 거기다 더 보태고 있으니, 해가 거듭될수록 걸음걸이가 무거워지고 만다. 날마다 날마다 더하지 말고, 덜고 덜어 허공처럼 비워 보자. 업業은 뺄셈이요, 원願은 덧셈이다. 더해도 더함이 없고 빼도 뺌이 없으니 본래

* 爲道日損 損之又損 以至無爲 無爲而無不爲.

공이다. 생각 생각에 보리심이면, 가는 곳마다 안락국이다.

친한 이가 원수요,
원수가 스승이다.

살인도와 활인검

협산 선사의 어느 제자 스님이 석상 선사를 찾아가 문턱에 걸터앉자마자 바로 인사를 했다.
"안녕하십니까?"
그러나 석상 선사는 거들떠보지도 않고 말했다.
"이 중놈아, 필요 없어!"
그러자 제자 스님이 말했다.
"그럼 안녕히 계십시오."
그 스님이 이번에는 암두 선사를 찾아가 방에 들어서자마자 인사를 했다.
"안녕하십니까?"
그러자 암두 선사는 이렇게 말했다.
"허, 허!"
찾아온 스님은 이번에도 전과 같이 말했다.
"그럼 안녕히 계십시오."
스님이 뜨락을 내려가는데 선사가 뒤에다 대고 말했다.
"젊은 친구지만 예절을 아는구나."

스님은 자기 처소로 돌아와 스승인 협산 선사에게 두 선사를 찾아뵈었던 이야기를 했다. 협산 선사는 후일 법상에 올라가 대중들에게 말했다.

"지난번 석상 선사와 암두 선사를 만나고 온 스님은 이리 나와서 자세히 말해 보라."

그 스님이 나와서 두 선사를 뵈었던 이야기를 마치자 선사가 물었다.

"모두들 알겠는가?"

아무도 대답이 없자 협산 선사가 말했다.

"아무도 말하지 않으니 이 노승이 말해야겠다. 석상 선사는 사람 죽이는 칼[殺人刀]을 가졌지만, 사람 살리는 칼[活人劍]은 없다. 암두 선사는 사람 죽이는 칼도 가졌고, 사람 살리는 칼도 가졌도다."

혜월 선사는 경허 선사의 상족이다. 선암사에서 행화行化하고 있을 때였다. 천진도인으로 알려진 혜월 선사가 사람을 살리기도 하고 죽이기도 하는 천하의 명검을 가지고 있다는 소문이 자자했다. 당시 일본인 헌병대장이 그 칼을 궁금히 여겨 혜월 선사에게 찾아와 그 칼에 대해 물었다.

"그 칼 말씀이로군요. 보여 드리고 말고요. 저를 따라오시지요."

선사가 흔쾌히 칼을 보여 주겠다고 하자 헌병대장은 천하의 명검을 볼 수 있다는 기대감으로 바짝 뒤를 따라나섰다. 계단으로 올라가 축대에 이르자 앞서 걷던 선사가 갑자기 돌아서서 헌병대장의 뺨을 후려갈겨 버렸다. 기대에 가득 차서 뒤따르던 헌병대장은 졸지에 한 방 얻어맞고 곧장 계단 아래로 굴러떨어졌다.

창졸지간에 화를 당한 그는 화가 머리끝까지 치밀었다. 벌떡 일어나 허리에 찬 칼을 빼들어 선사를 단칼에 베려고 했으나 선사가 먼저 다가가 넘어진 헌병대장을 부축해 일으켜 세우면서 말했다.

"이것이 그대가 보고 싶어 하던, 내가 가지고 있는 천하의 명검이오. 내가 당신을 때려 계단 아래로 떨어뜨린 손은 당신을 죽이는 칼이요, 부축하여 일으켜 세운 손은 당신을 살리는 칼이올시다."

주먹으로 치면 죽이는 것이요, 손으로 일으켜 세우면 살리는 것이다. 쥐면 주먹이요, 펴면 손이다. 살인도는 번뇌 망념의 중생심을 끊어 내는 방편이요, 활인검은 반야의 보리심을 드러내는 방편이다. 같은 칼이로되 쓰는 용도에 따라 살인도가 되기도 하고 활인검이 되기도 하는 도리이다. 죽일 것인가, 살릴 것인가. 번뇌를 당해서는 살殺이요, 보리를 당해서는 활活이다. 번뇌가 곧 보리이니 살활자재殺活自在로다.

―

얼마나 많은 사람이
살인도에 죽었으며, 활인검에 살아났는가.
죽었다 살아나야 참사람이다.

해가 뜨고 달이 져도
허공은 그대로이다.

구름은 하늘에 있다

낭주자사 이고李翱가 약산 선사의 도풍을 흠모해 청했으나 선사가 응하지 않았다. 그래서 직접 약산에 들어가 선사를 뵈오니, 선사는 소나무 아래에서 경전을 보며 돌아보지도 않았다. 이고가 한마디 던졌다.

"얼굴을 보는 것이 이름을 듣는 것만 못하구나."

그러고는 소매를 떨치고 떠나려는데, "이고!"라고 부르는 것이었다.

"태수는 어찌하여 귀만 소중하게 여기고 눈은 천시하는가?"

이고가 돌아서서 물었다.

"무엇이 도입니까?"

약산이 손가락으로 위와 아래를 가리키면서 말했다.

"알겠는가?"

"모르겠습니다."

약산이 말했다.

"내려다보든 올려다보든 숨길 곳이 없네. 구름은 푸른 하늘에 있고, 물은 병에 있다."•

• 低頭仰面無藏處 雲在靑天水在甁.

이고가 말 아래 깨닫고 수희찬탄하며 게송을 지어 올렸다.

몸을 단련해서 마치 학과 같으며
천 그루 소나무 아래에는 두 상자의 경전일세.
내가 와서 도를 물으니 별말씀 없으시고
구름은 푸른 하늘에 있고, 물은 병에 있다고 하네.*

뒷날 현각이 덧붙이기를, "이 태수는 다른 사람의 말을 칭찬한 것인가, 다른 사람의 말을 밝힌 것인가? 이것은 반드시 행각안行脚眼을 얻은 것이다."라고 하였다. 깨닫고 보니 천지만물 있는 그대로가 참모습이요, 진리 그 자체이다. 자연 그대로 법을 설하고 법을 듣고 있다. 구름은 하늘에 있고 물병 속에 물이 있듯이.

사명유정 선사 또한 이렇게 읊고 있다.

태허공의 넓음이 다함이 없고
공적의 영지 냄새 없고 또한 소리도 없건만
지금 말을 듣고서도 어찌 번거롭게 묻는가.
구름은 푸른 하늘에 있고, 물은 병에 있다.

가없이 넓은 온 우주가 그대로 진리를 현현하고 있다. 텅 비어 고요한 가운데 신령스레 작용하는 천진면목 소리 없고 냄새도 없지

* 鍊得身形似鶴形 千株松下兩函經 我來問道無餘說 雲在靑天水在甁.

만, 설함 없이 설하고 들음 없이 듣고 있다. 지금도 이 장광설을 듣고 있으면서 또다시 번거롭게 법을 물을 것이 있겠는가. 구름은 하늘에 걸려 있고, 물병 속에 물이 가득할 뿐인데.

근현대를 살다 간 묵담성우 선사는 이렇게 열반의 노래를 남기고 있다.

저 법계를 초월한 홀로 존귀한 성품 자리
어찌 생사윤회의 모습에 걸림이 있으리오.
만약 누가 나에게 오고간 곳을 묻는다면
구름은 푸른 하늘에 있고, 물은 병에 있다 하리.•

약산 선사가 말한 '귀이천목貴耳賤目'이란 말은 지금도 회자되고 있다. '귀는 귀하게 여기고 눈은 천하게 여긴다.'는 뜻이다. 옛날에 귀로 듣는 것은 잘 믿었으나 눈으로 보는 것은 잘 믿지 않던 시절이 있었다. 먼 곳에 있는 것은 소중하게 여기면서 눈앞에 있는 것은 대수롭잖게 여기는 세태를 꼬집은 말이다.

높고 높은 산꼭대기에 올라가서 서고
깊고 깊은 바다 밑에 들어가서 걸어야
비로소 약간 상응할 몫이 있다고 하였다.

• 越彼法界獨尊性 豈拘生死輪廻相 若人問我來去處 雲在靑天水在甁.

본래 생사가 없다

"죽은 사람 백 명이 산 사람 하나를 보내는구나."

사람이 죽어 장례 행렬이 지나가는 것을 보고 마조가 한 말이다. 나고 죽음이 본래 없는 도리에서 바라보면 누가 산 사람이고 누가 죽은 사람인가. 삶의 편에서 보면 살고 있는 사람이 살았고 죽은 사람이 죽었다. 그러나 죽음의 편에서 보면 죽은 사람이 살았고, 산 사람이 죽었다.

한번은 조주 선사가 죽은 승려의 장례를 치르면서 말하였다.

"이 죽은 사람 하나를 무수한 산 사람들이 보내는구나."

그리고 다시 말했다.

"수많은 죽은 자들이 산 사람 하나를 보내는구나."

그때 한 스님이 물었다.

"마음이 살았습니까, 몸이 살았습니까?"

"몸과 마음 모두 다 살아 있지 않다."

살아도 산 것이 아니고 죽어도 죽은 것이 아니다. 살아도 산 것이 아니면 죽은 것이요, 죽어도 죽은 것이 아니면 산 것이다. 생사가 불이不二다. 살아 있되 깨어 있지 못하면 죽은 사람이요, 죽었으되 깨어 있으면 산 사람이다. 몸과 마음을 둘로 보아 어리석은 질문을 하는 스님에게 조주는 "몸과 마음 모두 다 살아 있지 않다."라고 핀잔을 주고 있다.

동산 선사에게 어떤 스님이 물었다.
"죽은 스님은 천화하여 어디로 갑니까?"
"불타고 난 뒤의 한 줄기 새순이다."
고목 선사에게 이 화두를 들어서 물으니, 선사가 대답하기를, "달은 지더라도 하늘을 여의지 않는다."라고 했다.

여러분은 이 지경에 이르면 무엇이라 말하겠는가? 생사의 근본을 곧장 알 수 있다면 나고 죽음이 한 경지요, 움직임과 고요함이 한 근원이겠지만, 만약 그렇지 못하다면 인연을 대치對治하면서 마땅히 생사화두에 매달려야 할 것이다.

죽어도 살고, 살아도 죽은 것이라면
그냥 이대로 열심히 살면 된다.

호떡 내기를 하다

천하의 조주 선사가 시자 문원과 호떡 내기를 했다. 요즘 말로 하면 '못난이 내기'를 한 것인데, 더 못난이가 되는 사람이 이기는 내기였다. 즉, 더 잘난 사람이 호떡을 사기로 한 것이다.

조주가 먼저 "나는 한 마리의 나귀다."라고 하니, 시자가 "저는 나귀의 위장입니다."라고 했다.
"나는 나귀의 똥이다."
"저는 그 똥 속에 사는 벌레입니다."
"너는 그 똥 속에서 무엇을 하고 있느냐?"
"저는 그 속에서 하안거를 지내고 있습니다."
"호떡을 가져오너라."

그 스승에 그 제자다. 누가 이기고 누가 졌는가. 줄탁동시이다. 잘났으면 스승 제자 둘 다 잘났고, 못났으면 둘 다 못났다. 이겼다고 말하는 조주에 대하여 대혜 선사는 "도둑 주제에 도둑을 쫓는다."라고 평하고 있다.

"조주는 법률을 제정한 것과 같고, 문원은 제정된 법률을 집행하는 것과 같다."라고 한 낭야 선사의 평에서도 짐작이 간다.

나는 나귀다. 나귀의 위장이다. 나귀의 똥이다. 똥 속에 사는 벌레다. 그 똥 속에서 무엇을 하고 있느냐? 그 물음에 똥 속에서 똥을 먹고 있다고 할 법도 한데, 그 속에서 하안거를 지내고 있다고 해 버린 것이다.

웃을 수만은 없는 줄다리기이다. 각자 자리에서 철두철미하다. 이 공안의 낙처가 어디에 있었을까? 낙처는 묻지 않겠다. 이 공안에 대해 다음과 같은 고인의 게송이 있다.

세상만사 물러나 쉬는 것만 같지 못하다.
백 년 인생 허망하여 환몽과 같은 몸
조주 선사 호떡 내기 한 것이 아닌데
세상 사람에게 낮추는 법 일러 주었네. •

세상 사람들은 앞만 보며, 위를 향한 무한 경쟁에 내몰리고 있다. 어디 세상 사람들뿐이겠는가. 머리 깎은 처사들 또한 마찬가지이다. 물러나는 여유가 없다. 명리란 것이 달팽이 뿔 같고, 기러기 발자국 같은 것인데.

조주 스님이 어찌 호떡이 먹고 싶어 시자를 불렀겠는가. 서로 잘난 체하는 세상, 자기만 옳고, 자기가 해야만 되고, 이기려고만 하

• 萬事無如退步休 百年虛幻夢中軀 趙州不是爭胡餅 要使時人劣處求.

는 인심을 향해 휴헐지심休歇之心, 사양지심辭讓之心을 일러 주기 위한 노파심이 사자후로 들려온다.

―

똥 속에서 안거를 지내고 있는지
안거 속에 똥을 싸고 있는지 알 수 없다.

가을바람에 온몸이 드러나네

수산성념 선사에게 물었다.
"마조 문하에서 백장 선사가 자리를 거두어들인 뜻*이 무엇입니까?"
"곤룡포 소맷자락을 걷어 올리니 온몸이 드러난다."
"선사께서는 어떻게 생각하십니까?"
"코끼리 가는 곳에 여우의 자취가 끊겼다."

구름이 걷히면 푸른 하늘이 드러나고, 사자왕이 나타나면 백수百獸가 무릎을 조아린다. 그러나 구름이 있기에 하늘의 정취가 빛나고, 백수가 있어야 백수의 왕이 있게 마련이다. 번뇌가 다하고 나서야 보리가 드러나는 것이 아니라, 번뇌가 있기에 보리가 있다. 그래서 번뇌가 곧 보리인 것이다. 즉 영지의 작용은 공적의 본체가 드러남이요, 본체의 공적은 영지 작용의 본바탕이다.

* 마조 선사가 상당하여 법을 설하려 할 때 백장이 법석에 나아가 절을 하고 자리를 말아서 거두어 버리자 마조 선사가 바로 법좌에서 내려와 방으로 돌아갔다.

어떤 스님이 운문 선사에게 물었다.
"나무가 시들고 잎이 떨어질 때는 어떠합니까?"
"가을바람에 온몸이 드러나지[體露金風]."

가을에 황금 바람이 불어오면 나무는 물기가 마르고 잎을 떨군다. 수행자도 마찬가지로 본지에 풍광이 비치면 업식이 시들고 망념이 떨어진다. 무성했던 잎사귀들이 추풍에 우수수 떨어지고 맨몸의 나목이 본래 모습을 드러내니 이것이 체로금풍이요, 본지풍광이다.

봄에 싹이 돋아 꽃이 피고, 여름에 가지와 잎이 무성하고, 가을에 풍성하게 열매 맺고, 겨울에 앙상한 본연의 모습으로 돌아가는 것이 시절인연이다. 이 연기의 대향연에 순응하는 것이 자연이다. 십이연기로 펼쳐지는 우주 생명의 잔치에 무명이 있음으로부터 생로병사의 생멸生滅 연기로 고통을 장엄할 것인가. 아니면 무명이 본래 없음을 체득하여 생사해탈의 환멸還滅 연기로 열반을 장엄할 것인가.

『심경』에 '무명도 없고[無無明], 또한 무명이 다함도 없다[亦無無明盡].'고 하였다. 어차피 무명도 없고 무명이 다함도 없다면, 무명이 본래 공하고 무명이 다함도 공이라면, 무명이 명이요 명이 무명인 중도가 아니겠는가. 그믐달도 만월이요 보름달도 만월이라면, 보여도 만월이요 보이지 않아도 만월이다. 가을의 금풍이 불어와야 본지풍광이 드러나는 것이 아니라, 있는 그대로가 체로금풍의 본래 소식이 아닌가.

다만 그래도 어두운 중생을 위해 운문 선사가 자비의 방편을 세 가지로 구사하고 있다.

첫째, 하늘과 땅을 모두 덮듯이 일체를 있는 그대로 포용한다는 의미로 함개건곤函蓋乾坤을 들고 있다. 즉 진리 자체가 천지에 그대로 드러나 있음을 바로 일러 주는 것이다.

둘째, 모든 흐름을 끊어 버린다는 의미의 절단중류截斷衆流이니, 후학의 모든 무명 업식을 단번에 끊어 없애 버리게 하는 것이다.

셋째, 파도를 타고 물결을 따른다는 의미로 수파축랑隨波逐浪을 제시하였다. 제자의 근기와 자질에 따라 선교방편으로 깨우쳐 주는 것이다.

제자는 어느 방편의 그물에 안기겠는가?
세 가지 방편이 하나이니
어느 방편인들 안기기만 하면 된다.

손에 신 한 짝 들고

달마 대사가 열반에 들어 웅이산에 장사 지낸 지 3년이 지났다. 송운이 사신으로 서역에 갔다가 오는 길에 총령에서 대사를 만났다. 대사는 마침 손에 신 한 짝을 들고[手携隻履] 훌훌히 가고 있었다. 이에 송운이 물었다.
"대사, 어디로 가십니까?"
"온 곳으로 돌아가노라."
송운이 돌아와서 복명을 마치고 그 일을 자세히 보고했다. 황제가 무덤을 열게 하였는데 과연 빈 관에 신 한 짝만 남아 있었다.

선은 생사해탈을 목적으로 한다. 생사해탈은 생사를 떠나 저 멀리 어디로 구원되어 가는 것이 아니라 생사에 자재하는 것, 즉 생사에 있되 생사에 매이지 않고 자유로운 것을 말한다. 있는 그대로 생사자재요, 생사해탈이다.

달마가 손에 신 한 짝을 들고 총령을 넘어갔다는 것은 생사가 본래 없다는 소식을 전해 준다. 죽은 뒤에 다시 살아난 것을 부활이라고 하지만 불교는 부활을 말하는 것이 아니라 본래 생사가 없음[本無

生死] 즉 생사해탈, 생사자재를 말한다. 달마는 죽은 지 3년 만에 관 속에 신 한 짝을 둔 채, 나머지 한 짝을 손에 들고 유유히 총령 마루턱을 넘어가는 것으로 본무생사의 모습을 보여 주었다.

선종의 3조 승찬도 임종에 이르러 "세간의 사람들은 모두 앉은 채로 입적함을 기이하다고 경탄하는데, 나는 지금 선 채로 입적하여 생사에 자유자재함을 보이겠다."라고 말하고는 마침내 손으로 나뭇가지를 잡고 바로 선 채로 입적하였다.

선가에서 좌탈입망은 다반사요, 더러 서서 입적하는 입탈입적立脫入寂의 기연을 보여 주고 있다. 심지어 등은봉 화상은 한술 더 떠 거꾸로 물구나무를 선 채 입적하였다. 불교에서 지향하는 바가 특이한 모습으로 입적하는 것에 있는 것은 아니지만, 이 모두가 생사가 본래 없다는 불생불멸의 도리를 몸소 보여 준 것이다.

신령스러운 근원이 맑고 고요하여
옛날도 없고 지금도 없다.
미묘한 당체는 두렷이 밝아
어디에 나고 죽음이 있겠는가.*

이는 석가세존께서 마갈타에서 문을 닫고 계시던 소식이며, 달마 대사께서 소림에서 면벽한 가풍이다. 그러므로 석가는 사라쌍수 나무 아래에서 열반에 드신 후에 다시 두 발을 보이셨고, 달마는 굳이

* 靈源湛寂 無古無今 妙體圓明 何生何死.

총령 마루턱에서 손에 신 한 짝을 들고 가시었다.

  이것이 생사가 본래 없는 소식의 법문이다. 그래서 사람이 죽은 후 천도의식에서 영가를 청해 놓고 맨 먼저 염송해 주는 착어법문으로 이 소식을 일러 주고 있다.

해가 뜨고 달이 져도
허공은 그대로이다.

광명이 홀로 빛나서

고령신찬 선사는 계현 스님 문하에 출가하였다. 은사는 교학에 몰두하여 늘 『화엄경』을 읽고 있었다. 신찬은 은사를 떠나 백장 회상에서 선을 닦아 안목을 열게 되었다. 다시 본사로 돌아와 아무 일 없는 듯 은사를 시봉하고 있었다. 어느 날 목욕하는 은사의 등을 밀어 주면서 혼잣말처럼 중얼거렸다.

"법당은 좋은데 부처가 영험이 없구나."•

은사가 이상히 여겨 고개를 돌려 힐끗 쳐다보니, "영험은 없는데 방광은 할 줄 아는구나."••라고 하였다. 들리는 듯 마는 듯하여 그날은 그냥 넘어갔다.

어느 여름날 은사가 방 안 창 밑에서 『화엄경』을 읽고 있었는데, 열린 문으로 벌 한 마리가 들어와 창문에 부딪치면서 밖으로 나가려고 애쓰고 있었다. 신찬이 이를 보고 한마디를 읊었다.

• 好好法堂 佛無靈驗.
•• 佛無靈驗 也能放光.

열린 문으로 나가려고 하지 않고
닫힌 문에만 부딪치니 크게 어리석구나.
백 년 동안 옛 종이만 쳐다보고 있으니
어느 날에나 벗어날 것인가.•

벌을 빙자하여 스승을 에둘러 나무라고 있는 것이 아닌가. 지난번 목욕할 때에도 의심쩍었는데 이번에는 직접 대놓고 하는 말에 놀라 은사가 추궁하기 시작했다.

"네가 백장 문하에서 분명 무슨 일이 있었구나. 자세히 사실대로 일러 보아라."

그제야 신찬이 백장 문하에서 수선하여 깨달은 기연을 밝히게 되었다. 은사는 환희용약하며 대종을 쳐서 대중을 법당에 운집시키고는 자신이 직접 청법게를 하면서 법을 청했다.

이때 신찬이 설해 준 법문이 바로 백장회해 선사의 해탈송이다.

신령한 광명이 홀로 빛나서 멀리 티끌을 벗어났으며
본체가 참되고 항상함을 드러내어 문자에 구애받지 않는다.
마음의 성품은 더러움이 없어 스스로 두렷이 이루어져 있으니
다만 망령된 반연만 여의면 곧바로 그대로가 부처이다.••

- • 空門不肯出 投窓也大痴 百年鑽古指 何日出頭期.
- •• 靈光獨耀迥脫根塵 體露眞常不拘文字 心性無染本自圓成 但離妄緣卽如如佛.

이 법문을 듣는 순간 은사 계현은 바로 그 자리에서 마음이 열리게 되었다.

"어찌하여 내 일찍이 이 같은 고준한 법문을 듣지 못했던고!"라며 감격의 눈물을 하염없이 흘렸다. 제자에 의해 오히려 스승이 깨닫게 되는 기연을 맞이한 것이다. 그 제자에 그 스승이라고 해야 할까. 제자를 도리어 법사로 모시고 법을 청하는 그 모습이 가히 천고의 아름다움이 아닐 수 없다.

신찬 선사는 원적에 들기 전에 삭발과 목욕을 하고 종을 쳐서 대중을 모아 놓고 이렇게 말하였다.

"여러분은 소리 없는 삼매를 아는가?"

"모릅니다."

"그대들은 딴생각 말고 자세히 들어라."

이에 대중들이 귀 기울여 들으려 하자, 선사는 앉은 채로 조용히 입적하였다. 열반이 곧 무성無聲 삼매임을 일깨워 주었다.

우리가 경전을 읽는 것은
그 속에서 부처가 아닌
바로 자신의 참모습을 찾기 위함이다.

가도 가도 그 자리

천만겁이 지나도 옛이 아니요,
만세를 이어 가도 항상 지금이다.
많은 세월 동안 바다와 산악이
서로 수없이 바뀜을 겪었으니
바람과 구름의 변하는 모습을
몇 번이나 보았던가?°

함허 선사의 이 게송을 접하면 나고 죽음에 대한 시름이 단번에 녹아내리는 것처럼 청량하다. 나고 죽는 문제는 늘 수행자의 가슴을 멍멍하게 한다. 어디서 왔으며, 어디로 갈 것인가? 천만겁의 시간이 지나도 지금이요, 만 생을 더 살아가도 역시 지금이란다. 옛 스승을 향해 염향 구배를 할 만도 하다.

의상 조사가 종남산에서 17년의 참학을 끝내고 스승 지엄 선사에게 인가를 받는 과정에서 제출한 게송이 그 유명한 법성게法性偈

° 歷千劫而不古 恒萬歲而長今 多經海岳相遷 幾見風雲變態.

210자이다. 그런데 이 법성게를 단 여덟 글자로 요약하여 종지를 밝혔으니, 바로 의상 조사의 일진법계송이다.

    가도 가도 본래 그 자리
    나아가고 나아가도 출발한 그 자리*

  무엇을 더 보태고 무엇을 뺄 것인가. 천만겁을 윤회하여 천당과 지옥을 돌고 또 돌더라도 본래 그 자리, 부처 자리이다.
  "천만겁이 지나도 옛이 아니요, 만세를 이어 가도 항상 지금"이라면 "차라리 날 때마다 무간(지옥)일지라도, 중생 섬기는 일편단심 어찌 꺾어지리."**라고 장단을 맞추어도 될 것 같다.

천당에서 태평가 흘러나오니
지옥에서도 태평무가 넘쳐나네.

   * 行行本(到)處 至至發處.
  ** 寧可世生無間 何摧侍生丹心.

간택이 허물이니

지극한 도는 어렵지 않다.
오직 간택하는 마음이 허물이 되니
다만 미워함과 사랑함이 없어지면
훤하게 꿰뚫어 밝아지리라.※

『신심명』의 첫 구절이다.

도가 무엇인가. 평상심이 도이다. 최상의 도일지언정 평상심을 떠나 있지 않다. 평상심이 무엇인가. 자연지심이다. 자연이란 '스스로 그러함'이다. 스스로 그러한 마음이 바로 지극한 도이다. 스스로 그러하기에 어려울 것이 없다. 쉽게 말하면 세수하다 코 만지기요, 어렵게 말하면 꿈꾸는 자가 꿈을 아는 것과 같다. 사실 도 자체는 어렵고 쉬움이 없다. 다만 쉽고 어려움은 사람에게 있는 것이다.

간택한다는 것은 미혹한 경계에서 선과 악, 너와 나, 사랑과 미움, 좋다 싫다 등으로 분별하여 취사선택함을 말한다. 미혹한 사

※ 至道無難 唯嫌揀擇 但莫憎愛 洞然明白.

람은 분별하고 지혜로운 사람은 무분별한다. 분별은 무지요, 무분별은 지혜이다. 어리석은 중생은 생각 생각에 분별하여 간택하니 찰나 찰나에 생사윤회하지만, 깨달은 보살은 생각 생각에 분별을 쉬어 분별없는 분별을 하니 순간순간에 창조적 해탈의 삶을 살아간다.

중생은 일체 사물이 공한 도리를 모른다. 그래서 간택하고 분별한다. 좋으면 취하고 싫으면 버린다. 취하고 버리는 것이 모두 집착이다. 사랑하는 사람은 못 만나서 괴롭고, 미워하는 사람은 만나서 괴롭다. 사랑과 미움을 동시에 놓아라. 일체를 통째로 놓고, 놓았다는 생각조차 놓아라. 그러면 모든 것이 새롭게 보일 것이다. 이른바 '인식의 혁명적 전환'이 깨달음의 단초가 된다.

승찬이 말했다.

"두렷하기가 허공과 같아서 모자람도 없고 남음도 없거늘 진실로 버리고 취하는 까닭에 이르지 못한다."

허공은 확연히 텅 비어서 시비를 떠나 있다. 두렷하고 묘하여 법계에 두루하니, 모자람도 남음도 없고 걸림도 없다. 가는 티끌 한 번 일어나서 만법이 생기니, 눈 속의 수미산이요, 귓속의 바다로다. 문득 취사심이 일어나면 시비가 덩달아 일어나고, 분별심이 조금만 움직이면 생사의 악마가 쏜살같이 달려온다. 만일 허공마저 부수어 버리면, 어렵고 쉬움이 한결같아 오직 대천세계에 한가한 도인이라 하리라.

환하게 밝아진다[明白]는 것은 첫째, 자성명백自性明白이니, 본래부터 한결같이 명백하여 티끌과 오염이 없는 자성 그대로의 밝음이다. 둘째, 이구명백離垢明白이니, 티끌과 때가 소멸되고 장애와 속박에서 벗어나 순수하게 명백한 것이다. 여기서 미움과 사랑의 양변을 간택하는 허물을 여읜 것은 곧 이구離垢의 명백이지만 그것 또한 자성自性의 명백 그대로이다.

사랑도 집착이요, 미움도 집착이다.
집착을 떠나는 것이 해탈이다.

흰 구름 걷히면 청산

사람은 있는 그대로를 보지 않는다. 자신이 가진 업식의 눈으로 보기 때문이다. 각자의 눈으로 보아 자기가 본 것이 옳다고 생각한다. 여기서 시是와 비非가 생긴다. 눈에 보이는 색은 내 눈에 비친 색이므로 눈의 색이요, 내 눈은 색을 보고 있는 눈이므로 색의 눈이다. 눈과 색 어디에도 고정되고 진실된 모습은 없다. 그럼에도 내 눈에 집착하고, 눈에 비친 모습에 집착한다. 시비는 여기서 시작된다. 눈뿐만 아니라 귀, 코, 입, 몸, 뜻도 마찬가지이다.

옳다 그르다는 모든 시비 관여하지 않으니
산은 산대로 물은 물대로 그대로 한가하다.
서방 극락세계를 묻지 마소.
흰 구름 걷히면 청산인 것을.※

임제의현 선사의 게송이다. 내가 발 디디고 있는 여기가 광명세

※ 是是非非都不關 山山水水任自閑 莫問西天安養國 白雲斷處有靑山.

계인데, 스스로 안개구름 만들어 멀리서 빛을 찾고 있다. 안양국에 살면서 안양국을 묻고 있는 꼴이다. 안개구름 걷히면 본래 그대로 청산에 있는 것을. 천지 만물은 그대로 두면 넉넉하다. 욕심으로 가지려 하면 늘 부족하다. 보는 그대로 두고, 듣는 그대로 두면 가지지 않아도 충만하다. 그대로 두면 최고의 부자가 된다.

소동파는 「적벽부」에서 이렇게 노래하고 있다.

저 강물 위의 맑은 바람과 산중의 밝은 달이여,
귀로 들으니 소리가 되고 눈으로 보니 빛이 되는구나.
가지고자 해도 말릴 사람 없고 쓰고자 해도 다할 날 없으니
이것은 천지자연의 무진장이로다.

맑은 바람과 밝은 달이 누구의 것인가. 다만 청풍은 소리가 되고 명월은 빛이 되니, 듣고 보는 이가 주인이다. 그대로 있는 무진장 보배를 누가 다투어 가질 수 있겠는가. 나도 만물도 그대로일 뿐 그 누가 얻을 수 있고 가질 수 있겠나. 올 때 빈손이요, 갈 때도 빈 걸음 아닌가. 업식을 맑힌 대심범부는 얻을 바 없음을 깨달아 천지에 소요逍遙할 뿐 다투지 않는다.

석옥청공 선사가 세상과 이별함에 이렇게 읊고 있다.

흰 구름 사려 맑은 바람 팔았더니
집안 살림 다 흩어져 뼛골까지 가난하네.
한 채의 초가집만 겨우 남겨 두었더니

이 길 떠나면서 그 집마저 불에 던지노라.*

맑은 바람 공적의 체體요, 흰 구름 영지의 용用이라. 공적의 영지요, 영지의 공적인 불일불이不一不異를 체득하니, 업식의 망념 다 떨어져서 살림살이 뼛속까지 가난하구나. 그나마 아껴둔 이 몸마저 병정동자(丙丁童子: 불)에게 던져 주니, 남는 것은 진공眞空이라 한 물건도 없고, 묘유妙有라 한 물건이 드러나는구나.

거지가 도승지 불쌍하다 한다더니
추위에 떠는 거지 아이가 승지를 불쌍타 함은
눈 내리는 새벽마다
상감을 알현해야 하기 때문이라더라.

---

* 白雲買了賣淸風 散盡家私徹骨窮 留得數間茅草屋 臨別付與丙丁童.

진정한 출세

사부대중이 함께 모이면 대승승가이다. 승가가 함께 해야 할 일이 무엇인가. 무위법을 닦아야 한다. 내가 있고 조작이 있으면 유위요, 내가 없고 조작이 없으면 무위다. 비유하자면, 선풍기의 바람은 유위가 되고, 산들바람은 무위이다. 무위법을 닦아 부처를 뽑는 곳이 선불장選佛場이다.

시방의 대중이 함께 모이어
각각 무위법을 배우나니
여기는 부처를 뽑는 과거장
마음이 공함을 깨쳐 급제하여 돌아가네.*

방거사는 단하천연 선사와 함께 과거를 보러 가던 중 무위법으로 생사를 해탈하는 것이 참된 과거급제라는 말을 듣고 발길을 돌렸다. 곧바로 강서의 마조도일과 호남의 석두희천 회상에 마련된 선

* 十方同聚會 箇箇學無爲 此是選佛場 心空及第歸.

불장에서 마음이 공한 도리를 깨쳤고, 급제하여 본래 고향으로 돌아간 종장이다.

진정한 출세란 세간에 우뚝 서는 것이 아니라, 세간의 욕망에서 벗어나 무위의 출세간으로 나아가는 것이다. 출세는 인천에 홀로 선 출격장부가 담당하는 몫이지, 오욕의 부림에 길들여진 꼭두각시 인생은 감히 흉내 낼 수 없는 고봉정상이다.

방거사가 석두 화상과 나눈 대화이다.

"자네는 이 노승을 만난 이후에 날마다 하고 있는 일이 무엇인가?"

"나날의 일을 물으시면 입을 벌려 말할 것은 아무것도 없습니다."

"자네의 일상이 그와 같음을 내가 익히 알고 있기에 이렇게 묻는 것이 아닌가?"

방거사는 다음과 같은 게송을 한 수 지어 화상에게 바쳤다.

날마다 하는 일 별다른 것 없으니
다만 자신과 짝이 되어 어울리네.
어느 것도 취할 것 없고 버릴 것도 없어
어디에서도 어긋나지 않네.
왕사니 국사니 누가 칭호를 붙였는가.
이 산중은 티끌 하나 없는 곳인데
신통과 묘용이 무엇을 말하는가.
물 긷고 나무하는 일 바로 그것이라네.

● 日用無事別 唯吾自偶諧 頭頭非取捨 處處勿張乖 朱紫誰爲號 丘山絶點埃 神通幷妙用 運水及搬柴.

신통묘용이 바로 '물 긷고 나무하는 일'이라는 말이 여기로부터 기인되었다. 방거사는 전 재산을 상강에 버리고 가족들과 함께 토굴에서 조리를 만들어 팔며 살았다. 누가 묻기를, "내가 싫으면 다른 이에게 주면 될 일이지, 어찌하여 강물에 버립니까?" 하니, 대답하기를, "내가 싫은 것을 남에게 주면 이 또한 업을 짓는 것이 아니겠는가."라고 단호하게 부와 재물에 대한 집착을 물리치고 있다. 부귀와 빈천을 뛰어넘은 방거사의 경계는 어떠한가?

　마음이 여여하면 경계 또한 여여하니
　실다움도 없고 헛됨도 없도다.
　있어도 상관하지 않고, 없어도 얽매이지 않으니
　이는 성현이 아니라, 일 마친 범부로다.•

아깝다, 아깝다.
재물이 아깝다 하면 속물이요,
인물이 아깝다 하면 반물이다.
속물도 아니요 반물도 아닌
온물이 방거사이다.

• 心如境亦如 無實亦無虛 有亦不管 無亦不拘 不是聖賢 了事凡夫.

이목구비경

수산성념 선사에게 어떤 스님이 물었다.
"일체 모든 부처님이 이 경으로부터 나왔다고 하시니 어떤 것이 이 경입니까?"
선사가 말했다.
"조용, 조용하라."

관청의 관리가 임제사를 방문하여 선당 옆에서 임제의현 선사를 뵙고 물었다.
"선방 스님들은 경을 보십니까?"
"경을 보지 않소."
"그러면 참선을 합니까?"
"참선도 하지 않소."
"경도 보지 않고 참선도 하지 않으면 무엇을 합니까?"
"부처가 되고 조사가 되려는 것이지요."
"금가루가 귀하나 눈에 들어가면 병이 되는데 어떻습니까?"
"하나의 속인으로만 보았더니 제법이군."

부처가 되고 조사가 되는 길은 문자나 좌선 속에 있는 것이 아니다. 그렇다고 없는 것도 아니다. 경에도 구애받지 않고, 선에도 얽매이지 않는 것이 불조이다. '부즉불리不卽不離', 즉 얽매이지도 않고 여의지도 않음이 불조가 설한 중도의 길이다. 일체 마음이 선이요, 일체 경계가 경이다. 마음을 일으키되 일으킨 바 없으면 선을 행하되 행한 바가 없고, 경계를 대하되 대한 바가 없으면 경을 보되 보는 바가 없다. 조선의 청허휴정 선사의 「운수단가사」에 아래의 게송이 전해지고 있다.

나에게 한 권의 책이 있으니
종이와 먹으로 이루어진 것이 아니다.
펼쳐 여니 한 글자도 없으나
항상 큰 광명이 비친다.●

사람 각자가 가지고 있는 한 권의 경전은 문자로 된 것이 아니다. 한 글자도 없지만 언제 어디서나 분명하게 일러 주고 있다. 다만 눈 어두운 사람이 보지 못하고 듣지 못할 뿐이다.

법안문익 선사에게 어떤 학인이 물었다.
"무엇이 학인의 '한 권의 경전'입니까?"
"제목이 매우 분명하니라."

● 我有一卷經 不因紙墨成 展開無一字 常放大光明.

언제 어디서나 항상 대광명을 발하고 있는 경전은 굳이 갖다 붙이면 '심지경'이요, '본래면목경'이다. 누구나 가지고 있는 심지나 본래면목은 견문각지의 광명으로 작용하고 있다.

이에 대해 무비 선사는 이렇게 해설을 붙이고 있다.

" '제목이 분명하다'면, 그 제목이란 무엇일까. 굳이 사족을 붙이자면 각자가 생긴 대로의 이목구비이다. '각자의 이목구비가 너무나 분명한데 달리 무엇을 묻는가.'라는 뜻이리라. '이목구비경'이라는 경전은 이 세상 그 어떤 경전보다도 우수한 경전이다. 이 경전보다 우선하는 경전은 없다. 진정으로 살아 있는 경전이다.『화엄경』이나『법화경』보다도 천배 만배 훌륭한 경전이다. 그래서 항상 광명을 발하고 있다. 즉 볼 줄 알고, 들을 줄 알고, 울 줄도 알고, 웃을 줄도 알고, 기뻐도 하고 슬퍼도 할 줄 알기 때문이다."

―――

이목구비경 한 권이면 족하다.
이목구비가 본래면목이니
언제 어디서나 그 모습 그대로다.

부엌의 세 문

운문 선사가 수시하였다.
"사람마다 모두가 광명을 가지고 있다.
이를 보려고 하면 보이지 않고 어두컴컴하다.
어떤 것이 모든 사람의 광명이냐?"
스스로 대신하여 말하였다.
"부엌의 세 문이다."•
또 말하였다.
"좋은 일도 없는 것만 못하다."

 운문은 평소 일자법문을 즐겨 하였는데 어찌 두 구절씩이나 거듭 말하고 있는가. 언제나 들락거리는 부엌문처럼 마음의 본지풍광이 항상 드나들며 광명을 놓고 있다. "부엌의 세 문이다."라고 하는 앞 구절의 방편에 바로 계합하면 눈썹을 치켜세우고 바로 떠날 것이지만, 그런데도 알아차리지 못하고 언구에 집착할까 염려하여 거

• 廚庫三門.

듭 "좋은 일도 없는 것만 못하다."라고 말한 것일까. 모름지기 지견이 끊기고 득실을 망각하여, 훌훌 벗고 텅텅 비어 말끔한 각자 자신 속에서 알아차려야 한다.

운문 선사는 "밝은 대낮에는 왕래하기도 하며 사람을 분별하기도 하지만, 홀연히 한밤중이 되어 해와 달과 등불이 없을 때, 전에 가 봤던 곳은 그만두고 한 번도 가 보지 않은 곳에서 어떤 물건을 집으려 한다면 집을 수 있을까?"라고 묻고 있다. 더듬는 눈이 밝게 빛나고 있으니, 이것은 무엇인가.

혜능은 "나에게 한 물건이 있다. 밝기는 일월보다 더 밝고 어둡기는 칠통보다 더 어둡다."라고 말하고, 석두는 『참동계』에서 "밝음 속에 어둠이 있나니 어둡다고만 하지 말고, 어둠 속에 밝음이 있나니 밝다고만 하지 말라." 하였다. 만일 밝음과 어둠을 모두 끊어 버린다면 말해 보라. 이는 무엇이겠는가?

『원각경』은 "마음의 꽃이 피어나 시방세계를 비춘다."라고 설하였고, 반산 선사는 "광명은 경계를 비추지 않고, 경계 또한 존재하지 않는다. 광명과 경계를 함께 잊으면 이는 어떤 물건인가?"라고 하였다.

여기에서는 지혜의 빛을 희롱하거나 알음알이를 굴려서도 안 되고, 그렇다고 일 없는 것으로 알아서도 안 된다. 그러므로 『보운경』에 설하기를, "차라리 수미산처럼 유견有見을 일으킬지언정, 겨자씨만큼도 무견無見을 일으켜서는 안 된다."라고 하였다. 이것은 있음[有]에 집착하는 것보다 없음[無]에 떨어지는 것이 더 큰 병통임을 경계하는 말이다.

어느 곳에서 찾을까? 보아도 보이지 않고 찾아도 찾아지지 않으니, 아기를 업고 아기를 찾는 격이다. 말에 놀아나면 언제 생사의 고통을 면할 날이 오겠는가. 본래 갖추고 있는 광명이 홀로 빛나고 있으니, 한 생각을 돌이켜 생각 이전 자리로 돌아가라. 찾고 찾아 일념이 만년[一念萬年]이 되게 하라. 그 누가 출격장부가 아닌가.

천 생각 만 생각 오만 가지 생각이
한 생각 되게 하고
그 한 생각마저 끊어지면
새벽닭이 꼬끼오 하고 울 것이다.

우두백조

남전보원 선사에게 어떤 납자가 물었다.

"우두가 4조 도신을 만나기 전에는 어째서 온갖 새들이 꽃을 물어다 바쳤습니까?"

"걸음마다 부처의 층계를 밟았기 때문이다."

"만난 뒤에는 어째서 꽃을 물어다 바치지 않았습니까?"

"설사 새가 오지 않았다 하더라도 남전의 실오라기만큼의 공부에도 미치지 못하느니라."

이것이 종문에 전해 오는 "우두가 4조를 만나지 않았을 때는 어떠합니까?"라는 내용의 '우두백조牛頭百鳥'라는 공안이다. 우두법융 선사가 우두산에 들어가 유서사 북쪽에 있는 바위굴 속에서 좌선을 하니 온갖 새들이 꽃을 물어다 주는 상서로운 일이 종종 있었다. 4조 도신 선사가 멀리서 보고는 그 산에 기이한 사람이 있음을 알고는 직접 찾아갔다. 법융은 뒤돌아보지도 않고 좌선을 할 뿐이었다.

도신이 물었다.

"여기서 무엇을 하는가?"

"마음을 관합니다."

"관하는 것은 누구의 마음이며, 그 마음은 또 어떤 물건인가?"

법융은 그만 말이 막혀 대답하지 못했다.

이에 일어나 절하고 제자의 예를 갖추어 바위굴로 안내했다. 바위굴 주위에는 호랑이들이 우글거렸다. 4조가 두 손으로 겁내는 흉내를 내자 법융이 말했다.

"아직도 그런 것이 남았습니까?"

4조가 되물었다.

"지금 무엇을 보았는가?"

법융이 대답하지 못했다.

4조가 법융이 좌선하는 바위 위에 '부처 불佛' 자를 쓰니 법융이 이를 보고 송구하여 앉지 못했다. 그런 법융을 보고 4조가 물었다.

"아직도 그런 것이 남았는가?"

법융이 아직 깨닫지 못하여 머리를 숙이고 법문을 청했다.

"백천 가지 법문이 모두 함께 마음으로 돌아간다. 항사恒沙의 묘한 공덕이 모두 마음에 근원이 있다. 온갖 지혜가 모두 본래부터 구족하고 신통과 묘용이 모두 그대의 마음에 있다. 번뇌와 업장이 본래부터 비었고, 온갖 과보가 본래부터 갖추어져 있다. 삼계에서 벗어날 것도 없고, 보리를 구할 것도 없다. … 행주좌와에 눈에 띄고 만나는 인연 모두가 부처의 묘용이어서 쾌락하여 근심이 없다. 그러므로 부처라 하느니라."

4조의 지시로 법융이 확철대오廓徹大悟하였다. 이로부터 천신들의 공양이 끊기고 새들도 다시는 꽃을 물고 오지 않았다. 고려의 태고보우 선사가 중국으로 건너가서 석옥청공 선사를 참문하여 점검을 받았다.

석옥 화상이 태고 선사에게 물었다.

"우두가 4조를 만나기 전에는 어떻게 온갖 새들이 꽃을 물고 왔는가?"

"부귀하면 자식들도 우러러보기 때문입니다."

"4조를 만난 뒤에는 어찌하여 꽃을 물고 오지 않았는가?"

"가난하면 자식도 멀어지기 때문입니다."

일체의 번뇌 망념이 탈각되어 본지풍광이 드러난 경지가 가난이다. 4조를 만나기 전에는 아직 마음의 때를 완전히 벗어 내기엔 미진한 부분이 있었고, 만난 이후에는 청정본연의 마음자리를 밝혀 가난하기 이를 데 없어진 것이리라. 태고 선사의 대답은 세간의 부富와 출세간의 도道를 역설적으로 표현한 것이다. 세간에서의 부귀가 출세간에서는 가난이 되고, 세간의 가난이 오히려 출세간에서는 도의 완성이 되는 것이다.

―――

한 푼도 남아 있지 않은 알거지의 집에는
도둑이 들지 않듯이
마음이 텅 비어 무심하면
귀신도 쳐다볼 일이 없는 법이다.

너무 가까이 있으면
보이지 않는다.

물빛 암소

백장 선사가 대위산의 주지를 정하고자 제자들에게 공안을 제시했다. 누구든지 대중 앞에서 격을 벗어난 말 한마디만 할 수 있다면 그를 대위산의 주지로 삼겠다고 하였다. 백장이 대중들을 운집시켜 놓고 물병을 가리키며 말했다.

"이것을 물병이라 불러서는 안 된다. 과연 무엇이라 부르겠느냐?"

이에 제일좌인 화림이 나서서 말했다.

"말뚝이라 부를 수는 없지요."

선사가 머리를 좌우로 흔들었다.

이때 영우가 앞으로 나서서 아무 말 없이 물병을 걷어차 버렸다.

선사가 박장대소하며 말했다.

"대위산의 주인이 촌놈에게 돌아가고 말았군."

훗날 위산영우 선사는 위앙종의 개조로서 대위산에서 천오백 대중을 거느리고 행화를 펼쳤다. 임종 시에 이르러 마지막으로 대중들에게 법문을 하였다.

"내가 이 몸뚱이를 여의고 산 아래 단월 집에 물빛 암소가 되어서 오른쪽 옆구리에 '위산승潙山僧 영우靈祐'라고 다섯 글자를 쓰고 나오리니, 이러한 때를 당하여 '위산승 영우'라고 불러야 옳으냐, '물빛 암소'라고 불러야 옳으냐?"

그러자 그 당시 대중 가운데서 앙산 수좌가 일어나 여자 절을 정중히 올리니, 위산 선사가 "옳고, 옳다." 하였다.

물병은 물병이 아니요, 그 이름이 물병이다. 위산승 영우든 물빛 암소든 이는 허상이요, 가명이다. 본래면목인 한 물건은 그대로이다. 백천만겁을 돌고 돌아도 본래자리요, 본래부처이다. 그러나 허상이 곧 실상인 줄 알면 위산승 영우인들 어떠하고 물빛 암소인들 어떠하겠는가. 부처는 그대로 부처요, 스승은 그대로 스승이니 절을 올려야지.

절 아래 동쪽 마을에 소가 되어서
풀을 만나면 풀을 먹을 것이요,
서쪽 마을에 말이 되어서
물을 만나면 물을 마실 것이다.

말할 수 없다

도오원지 선사는 약산유엄의 제자이다. 어느 날 제자 점원과 함께 단월 집에 조문을 가게 되었다. 점원이 관을 두드리며 스승에게 물었다.

"관 속의 사람은 살았습니까, 죽었습니까?"

"살았다고도 말할 수 없고, 죽었다고도 말할 수 없다."

"어째서 말씀해 주시지 않습니까?"

"말할 수 없지, 말할 수 없어."

절로 돌아오는 길에 점원이 말했다.

"스님은 저를 위해서 어서 말해 주세요. 말하지 않으면 스님을 때리겠습니다."

"때리려면 때려라. 그러나 말할 수 없다."

점원이 스승을 후려쳤다.

스승은 이처럼 핏방울이 뚝뚝 떨어지도록 제자를 지도했으나 점원은 깨닫지 못했다. 점원은 다른 곳으로 행각을 떠났다. 어느 절에서 행자가 염송하는 『관음경』의 "비구의 몸으로 제도를 받을 자에게는 비구의 몸을 나타내어 설한다."라는 구절을 듣고 깨달은 바가 있었다. "내가 당시 스승의 말씀을 잘 모르고 나쁜 짓을 했구나. 생사의 일이 언구에 있지 않다는 사실을 몰랐구나."라고 말하며 후회했다. 이미 스승 도오는 입적한 뒤였다.

훗날 점원은 사형인 석상 화상을 찾아가 이 이야기를 제시하며 점검해 줄 것을 청했다. 석상 화상 역시 "살았다고도 말할 수 없고, 죽었다고도 말할 수 없다."라고 말했다. 점원은 "어째서 말할 수 없습니까?"라고 다그쳤다. 석상 역시 스승이 한 말과 똑같이 "말할 수 없지, 말할 수 없어."라고 했다. 점원은 그 말을 듣고 곧장 깨달았다.

생사가 본래 없는 자리에서는 살았다고도 말할 수 없고 죽었다고도 말할 수 없는 것이다. 불생불멸일 뿐이다. 그래서 다만 "살았다고도 말할 수 없고, 죽었다고도 말할 수 없다."라고 친절하게 일러 준 것이다. 이 도리는 말로 설명해 줄 수 있는 것이 아니다. 스스로 계합하여 체득하여야 할 본분사일 뿐이다.

만공 선사는 본무생사의 도리를 깨치는 본분사의 참구에 대해 이렇게 말해 주고 있다.

"첫째, 생사가 본래 없는 도리를 사무쳐 아는 '지무생사知無生死'. 둘째, 생사가 본래 없는 경지에 계합하는 '계무생사契無生死'. 셋째, 생사가 본래 없는 도리를 체득하는 '체무생사體無生死'. 넷째, 생사가 본래 없는 경지를 체달하여 생사를 자유자재로 활용하는 '용무생사用無生死'."

이러한 네 경지의 생사 문제를 해결하기 위해서는 밖으로 구하지 말고 안으로 참구하고 또 참구해야 할 뿐이다.

생사가 본래 없는데도
많은 사람 생사의 길로 걸어가고
생사의 길로 걸어가는 사람들 가운데
생사가 본래 없는 도리 깨친 사람 별로 없네.

법연사계

오조법연 선사는 백운수단의 법을 이었으며, 그 문하에 삼불로 불리는 제자*를 두고 있다. 그 가운데 불과로 불리는 원오극근 선사가 바로 『벽암록』을 편찬한 주인공이다. 원오 선사가 태평사 방장 소임을 맡기 위해 인사차 스승을 찾아왔다. 이때 법연 선사가 총림의 방장에 임하는 제자를 위해 간곡하게 일러 준 당부이자 경책의 말씀이 바로 법연사계法演四誡이다.

첫째, 세력을 다 쓰지 말라.
둘째, 복을 다 받지 말라.
셋째, 규범을 다 행하지 말라.
넷째, 좋은 말을 다 하지 말라.**

당시 총림의 방장은 천여 명 이상의 대중을 지도하고 통솔해야

---

* 삼불 제자는 불감佛鑑 혜근, 불안佛眼 청원, 불과佛果 극근을 가리킨다.
** 勢不可使盡 福不可受盡 規矩不可行盡 好語不可說盡.

했다. 방장은 먼저 견처가 명백하고, 수행력과 인격이 출중하며, 신심과 원력이 있어야 한다. 오늘날처럼 덕행을 갖추지 못했음에도 서로 지위를 탐하려고 하는 것이 아니라, 설사 정안종사正眼宗師라 할지라도 대개가 사양하는 것이 종문의 전통이었다. 방장이란 결코 권세와 명리의 자리가 아닌 정법안장의 안목과 광도중생의 원력으로 임하는 자리이다.

첫째, 세력을 다 쓰지 말라는 말은, 방장이 행사할 수 있는 세력, 즉 힘을 다 쓰지 말라는 것이다. 절집이나 세간을 막론하고 지도자의 위치에 나아가면 세력과 권세를 절제하고 아껴야 한다. 지도자뿐만 아니라 평범한 사람이라 할지라도 있는 힘을 다 쓰게 되면 화가 돌아오게 되어 있다. 높이 올라갈수록 세게 떨어진다. 조심하고 조심할 일이다.

둘째, 복을 다 받지 말라는 말은, 설사 자신이 수용할 수 있는 복이 넉넉한 사람일지라도 그 복을 아끼라는 것이다. 스스로 검약하고 대중을 살펴 나누어야 그 복이 오래갈 수 있기 때문이다. 내 복 내가 쓰는데 무슨 상관이냐고 생각하면 어긋난다. 복은 지은 만큼만 쓸 수 있기에 언젠가는 소진되고 말 것이다. 한강의 물이 많다 하나 뱁새에게 필요한 물은 한 모금이면 되듯이 천하 대중을 위해 아끼고 또 아껴야 한다.

셋째, 규범을 다 행하지 말라는 말은, 총림에서 그 규범을 엄정하게 시행함은 당연한 처사이지만, 최고 어른으로서 규범을 내세우고 법도를 강조하여 대중을 뇌고롭게 하는 것은 최선의 방편이 아니라는 뜻이다. 세속의 정치에서 최선이 아닌 차선을 추구하고, 최악이 아닌 차악을 선택하게 하는 것도 이 때문이다. 동서고금을 막론하고 법규나 규범을 내세워 너무 빈틈없이 시행하면 인심은 멀어지게 되어 있다. 모범이 좋기는 하나 경우에 따른 방편이 숨결을 가볍게 한다.

넷째, 좋은 말을 다 하지 말라는 말은, 아무리 좋은 말과 법문이라 하더라도 지나치면 잔소리로 들리게 된다는 뜻이다. 좋은 말과 교훈을 시도 때도 없이 늘어놓는다면 누가 좋아하겠는가. 수직문화가 팽배했던 옛날에도 그러할진대 오늘날과 같은 평등문화 시대에는 더 말할 나위가 없다. 말은 아낄수록 좋고 덕담은 짧을수록 좋다. 지도자일수록 말은 간명직절簡明直截하고 실천이 앞서는 것이 귀감이다.

법연사계는 비단 총림의 방장에게만 해당되는 것이 아니라, 모든 지도자와 심지어 보통 사람마저도 새겨야 할 지침이다.

무지개가 아름다워도
너무 가까이 있으면 보이지 않는다.

열반은 빚을 갚는 것이다

장사경잠 선사가 송했다.

가유假有는 본래 비유非有요,
가멸假滅도 또한 비무非無라.•
열반은 빚을 갚는다는 뜻이니
하나의 성품일 뿐 다름이 없네.

가유가 비유라는 말은 색色이 공空이란 뜻이요, 가멸도 비무란 말은 공이 색이란 의미이다. 2조 혜가 선사가 승찬에게 법을 부촉하고 난 연후에 "나 역시 전생의 허물(빚)이 있어서 지금 갚아야 한다."라고 말하며 업도에서 인연 따라 교화의 그물을 드리웠다. 34년을 이와 같이 교화행을 펼치고는 마침내 빛을 감추고 겉모양을 바꾸어

• 있음[有]이 임시의 거짓 모임으로 있기 때문에 가유假有라고 말하고, 이 가유가 실로 있는 것이 아니기 때문에 비유非有라고 한다. 가멸假滅 또한 마찬가지이다. 없음[無]이 멸하되 임시의 거짓 멸이므로 가멸假滅이라 말하고, 그 가멸이 실로 없는 것이 아니므로 비무非無라고 하는 것이다.

무애자재한 기행을 보였다. 때로는 저잣거리의 주막이나 푸줏간을 드나들기도 하고, 거리에서 잡담을 즐기기도 하고, 품팔이를 하기도 하니, 사람들이 이상히 여겨 이렇게 물었다.

"스님은 도인이신데, 어찌 이런 행을 보이십니까?"

그러자 혜가 선사는 다음과 같이 대답했다.

"나는 스스로 마음을 조복하였으니, 어찌 너희들처럼 일에 걸림이 있겠는가?"

한때 광구사 산문 밑에서 위없는 법을 설하자 숲처럼 많은 사람이 모여들었다. 그때 마침 변화 법사라는 이가 『열반경』을 강의하고 있었는데, 그 강석에 참여한 대중들이 혜가 대사가 설하는 법을 듣고 차츰 옮겨 가 버렸다. 이에 변화가 분을 참지 못해 고을의 수령에게 무고하였다. 수령은 그의 삿된 말에 속아서 잘못된 벌을 내리게 되었다. 그러나 혜가 대사는 태연히 응하여 목숨을 마치니, 진실을 아는 이는 옛 빚을 갚았다고 하였다.

이 사건을 가지고, 뒷날 호월공봉이 장사 선사에게 물었다.

"고덕이 말하기를, '깨달으면 업장이 본래 공하나 깨닫지 못하면 마땅히 진 빚을 갚아야 한다.'고 하였습니다. 그때 2조 대사는 어찌하여 빚을 갚은 것입니까?"

2조 대사는 깨달은 도인이거늘, 어찌 빚을 갚은 것이냐고 묻고 있는 것이다. 장사 선사가 대답하기를, "대덕이여, 알지 못함도 본래공本來空입니다."라고 하였다. 호월이 말하기를, "무엇이 본래공입니까?"라고 묻자, 장사가 "업장이다."라고 대답하였다. 호월이 또 묻기를, "가유가 본래 비유라고 함은 무슨 뜻입니까?"라고 하자,

장사는 "본래공이다."라고 말하고 아무 말이 없었다. 이때 장사가 다시 하나의 게송을 읊어 보였으니, 앞서 언급한 게송이 바로 그것이다.

혜가 선사는 깨닫기 전이나 깨달은 후에도 빚을 갚고 있다. 왜냐하면 업장의 본체가 비록 공하지만 그 작용에는 과보가 있기 때문이다. 듣지 못했는가. 세존께서도 인행 시나 재세 시, 과거세에 지은 인因에 의한 과果를 받아 빚 갚는 인연을 보여 주신 것을 말이다. 인과가 소멸되어 업의 빚이 다해야 비로소 열반을 증득할 수 있는 것이다.

부부는 빚쟁이들이 만난다.
서로 빚을 갚으려면 사랑하게 될 것이고
서로 빚을 받으려면 다투게 될 것이다.

부처를 만나면

그대들이 진정한 견해[眞正見解]를 갖추고자 한다면, 바른 안목이 없는 자들의 말을 함부로 받아들여서는 안 된다. 안과 밖에서 마주치는 모든 것을 곧바로 죽여야 한다.

부처를 만나면 부처를 죽이고

조사를 만나면 조사를 죽이고

아라한을 만나면 아라한을 죽이고

부모를 만나면 부모를 죽이고

권속을 만나면 권속을 죽여라.

그래야 비로소 해탈하여

그 어떤 것에도 구속되지 않는 자유인이 될 수 있다.

과격하면서도 간절한 임제 선사의 법문이다. 진짜로 사람을 죽이라는 말이 아니다. 어떠한 순역順逆의 경계가 오더라도 끌려다니면서 미혹되지 말라고 강조하는 말이다. 부처라는 도그마에도 끄달리지 말고, 스승이라는 의지처마저 버리고, 부모라는 보호망마저 물리치라는 말이다. 부처, 스승, 부모를 관념의 대상으로 마주하면 그것은 생각이 만들어 낸 허상에 불과하다. 자기 자신이 조물자임을 자각하고 주재자로 바로 설 때 천상천하를 독보하는 출격장부가 될 수 있다.

단하천연 선사가 혜림사에 당도하여 객실에 들어가 보니 방 안은 설렁하고 한기가 느껴졌다. 마침 땔나무가 보이지 않아서 법당에 들어가 목불木佛을 안고 나와 도끼로 패서 아궁이에 불을 지폈다. 인기척에 놀란 원주가 뛰어나와 꾸짖었다.
"부처님을 태우면 어찌합니까?"
"사리가 나오는지 찾고 있는 중이라오."
"목불에서 어떻게 사리가 나온단 말이오?"
"사리가 없다면 이미 부처가 아니지 않소."

이것은 부처이고 저것은 부처가 아니며, 이것은 성스럽고 저것은 성스럽지 않다고 하는 관념의 허상을 산산조각 내 버린 일화이다. 말법시대를 자세히 살펴보면 일체의 허상과 우상, 절대와 신성 속에 갇혀 참 주인공을 꼼짝없이 옭아매고 스스로 노예가 된 사람들이 부지기수다. 사상과 신념과 주의는 또 다른 관념의 우상을 만들어 낼 위험이 있다. 우상을 타파하려다 또 다른 우상을 만들고 있는 무리들에 속지 않는 것이 이 시대 수행자의 바른 눈이다. 그가 설사 부처이고 하나님일지라도 결코 종이 되지 말라.

부처에 집착하여 구하지 말고
법에 집착하여 구하지 마라.
인천 대중의 스승이 되는 안목으로 보면
부처와 조사가 모두 원수이다.

발아래를 살펴라

『오등회원』에 '삼불야화'라는 공안이 있다.
　오조법연 선사가 삼불이라 불리는 문하의 제자들과 어느 날 밤길을 가다가 바람에 등불이 꺼졌다. 캄캄한 밤길에 스승인 법연이 제자들에게 이 순간 어떻게 해야 할 것인가 물었다.

　불감 : 오색찬란한 봉황새가 붉은 노을 속에서 춤을 춥니다.*
　불안 : 쇠 뱀이 옛길을 가로질러 갑니다.**
　불과 : 발아래를 살피십시오.***

　칠흑같이 어두운 밤길에는 '발아래를 잘 살피는' 일이 가장 시급하다. 한 발 잘못 삐끗하면 어긋난다. 선은 관념이 아니라, 지금 여기의 문제를 참구하는 것이다. 이것이 바로 현성공안現成公案이다. 중생은 무명에 가려진 밤길을 거닐고 있는 야행객이다. 어둠을 걸

---

　* 彩鳳舞丹宵.
　** 鐵蛇橫古路.
　*** 照顧脚下.

어 내는 것이 화두를 타파하는 일이다. 밤길이 순탄하기 위해서는 먼저 어둠과 내가 하나가 되어야 하듯이, 일체의 분별망념을 걷어내기 위해서는 우선 망념과 화두가 하나가 되어야 한다. 이 하나마저 타파해야 밝은 광명이 열리게 된다.

조고각하는 회광반조回光返照이다. 일체 망념의 생각을 돌이켜 생각 이전 자리로 돌아가 텅 비고 고요한 자리를 비추는 것이다. 생각 이전 자리가 화두이다. 언제 어디서나 깨어 있는 자가 수행자이다. 흰 고무신이 가지런히 놓인 선방 댓돌 위의 '조고각하照顧脚下'라는 네 글자가 납자를 깨우고 있다. 망념에 휘둘리지 말고 화두로 성성적적하게 깨어 있으라고 벽력같은 사자후를 토하고 있다.

묻어가는 김에
조고비하照顧鼻下라고 말하고 싶다.
코밑을 잘 살펴라.

죽어야 산다

조주 선사가 투자 선사에게 물었다.
"완전히 죽은 사람이 다시 살아날 때는 어떠하오?"
"밤에 가지 마시오. 날이 밝으면 마땅히 도달할 것이오."
"나는 그대를 후백侯伯이라 여겼더니, 후흑侯黑* 이었구먼."

대혜 스님이 스승 원오 선사의 공부지도를 받던 중, 원오 선사가 말하길, "어떤 스님이 운문 선사에게 물었다. '어떤 것이 모든 부처님이 나신 곳입니까?' 운문이 답했다. '동산이 물 위로 간다.' 만약 나에게 묻는다면 '훈풍이 남쪽에서 불어오니 전각이 조금 시원하구나.'라고 할 것이다."
여기에 이르자 대혜는 홀연히 앞뒤의 생각이 끊어졌다. 비유하자면 얽힌 실타래를 칼로써 한 번에 모두 잘라 버린 것과 같았다. 한 생각도 일어나지 않고 도리어 맑고 텅 빈 자리에 앉아 있었다.

* 후백이라는 간지奸智에 뛰어난 도적이 있었는데 후흑이라는 간부奸婦를 만나 감쪽같이 속아 넘어갔다는 고사에서 유래. 곧 뛰는 놈 위에 나는 놈 있다는 말.

하루는 입실하여 방장에 들어갔는데 원오 선사께서 말하길, "그대가 이런 경지에 이른 것도 결코 쉬운 일이 아니지만, 죽어서 살아나지 못하니 안타깝구나. 언구(화두)를 의심하지 않는 것이 큰 병이다."라고 하였다.

진정극문 선사가 말하길, "사량분별이 다 떨어져 나간 대무심지에 들어 크게 죽은 사람도 도가 아닌 승묘경계勝妙境界*일 뿐이다."라고 하였다.

성철 선사 또한 이렇게 말하고 있다.

"일념불생 전후제단**이 되었다고 해도, 대무심지에 이르렀다고 해도 거기서 살아나지 못하면 이 사람은 크게 죽은 사람이다. 크게 죽은 사람은 구경각을 성취하지 못하였으며, 도를 이루지 못하였으며, 견성하지 못한 사람이다. 실제로 이만한 경계에 도달하려면 많은 노력이 필요하고 또 어려운 것은 사실이나, 죽어서 살아나지 못한다면 도가 아니고 견성이 아니다."

죽었다 살아난 것을 사중득활死中得活 혹은 절후재소絶後再甦라고 한다.

납자가 수산성념 선사에게 물었다.

"모든 작용을 잃었을 때는 어떻습니까?"

---

* 훌륭하고 뛰어난 경계이기는 하지만 아직 완전히 도에 계합하지는 못한 상태.
** 일념불생一念不生 : 한 생각도 일어나지 않음. 전후제단前後際斷 : 앞과 뒤가 끊어짐.

"썩은 물에는 용을 가두어 놓지 못한다."
"움직이고 변화한 다음에는 어떠합니까?"
"푸른 눈의 달마도 웃으며 고개를 끄덕일 것이다. 죽었다가 살아나는 자는 예로부터 드물었고 살려고 하다가 죽은 자들은 수없이 많다."

작용을 돌이켜 본체를 드러냈다 하더라도 단멸의 허무가 아니라서 '썩은 물에는 용을 가두지 못한다.' 하고, 본체가 항사 작용을 하더라도 일체에 어지럽지 않으니 달마도 긍정할 것이다. 적멸의 바다에 빠져 살아 돌아온 자는 적고, 적멸의 바다에 취해 죽은 자는 부지기수이다.

죽어서 살아나지 못한 사람도 도가 아닌데
아직 죽지도 못한 사람은 도대체 무엇인가?
먼저 죽어라.
죽는 것이 사는 길이다.

밤마다 부처를 안고

부대사는 중국 남북조 시대 양나라의 재가 거사로 쌍림 대사 혹은 동양 대사라고 불리기도 한다. 양나라 무제를 불법에 귀의시켜 불심천자가 되게 한 선지식이다. 동시대의 지공 화상은 양 무제에게 부대사가 미륵의 화신이라고 말한 적이 있다. 다음은 부대사의 게송이다.

밤마다 부처를 안고 자고
아침마다 함께 일어나네.
앉으나 서나 늘 따라다니고
말할 때나 침묵할 때나 함께 있다.

털끝만큼도 서로 떨어지지 않으니
몸에 그림자 따르듯 하는구나.
부처님 계신 곳을 알고자 하는가?

다만 말하고 듣는 이것이라네.*

보조 선사는 『수심결』에서 불성에 대해 이렇게 말하고 있다.
"24시간 가운데 배고프다는 것을 알며, 목마르다 하는 것을 알고, 춥다는 것을 알며, 덥다는 것을 알고, 화내고 있다는 것을 알며, 기뻐한다는 것을 아니 과연 아는 자는 어떤 물건인가? 능히 보고, 듣고, 깨달아 아는 것이 반드시 그대의 불성인 것이다."

부대사가 말한 '다만 말하고 듣는 이것'과 보조 선사가 말한 '능히 보고, 듣고, 깨달아 아는 것'이 바로 천진자성이요, 본래부처이다. 중생이 깨치든 깨치지 못하든 상관없이 밤낮으로 함께하고, 조석으로 같이 기침하고, 행주좌와 어묵동정 간에 항상 함께하고 있다. 다만 범부들이 모르고 있을 뿐이다.

『능엄경』 25 원통 법문에 '반문문성返聞聞性'이 설해지고 있다. "소리를 들음에 돌이켜 소리의 성품을 듣는다."라는 말이다. 범부는 귀로 소리를 듣고 그 소리를 경계 삼아 휘둘리고 만다.

그러나 이근원통耳根圓通을 수행하는 이는 소리를 듣되 소리의 경계를 따라가지 않고, 소리의 성품을 듣는다. 소리의 성품은 공空이면서 불공不空이다. 소리가 있으니 소리의 성품을 들을 수 있고, 소리의 성품이 있으니 소리가 들린다. 이 도리를 알게 되면 부대사가

---

* 夜夜抱佛眠 朝朝還共起 起坐鎭相隨 語默同居止. 纖毫不相離 如身影相似 欲識佛居處 只這語聲是.

말한 '다만 말하고 듣는 이것'이 명백해질 것이다.

 선창禪窓에 빗소리 들린다. 언제나 듣는 빗소리지만 그 소리만 들을 뿐, 그 빗소리의 성품은 듣지 못하네. 듣는 성품 한 번도 생한 바도 없고 멸한 바도 없건만 빗소리 들렸다 안 들렸다 하네. 빗소리가 들려도 생하지 않고, 빗소리 들리지 않아도 멸하지 않아, 생멸을 여의되 여읜 바 없이 생멸을 보이는 이것이 이근원통이다.

―

삼업이 청정하면 부처다.
부처로 생각하고, 부처로 말하고, 부처로 행하면
사람이 그대로 부처다.

나귀가 우물을 쳐다보면

『원각경』에서 설하였다.

"가없는 허공이 깨달음에서 생겨났다."*

즉 허공이 대각 가운데서 생기게 된 것이 마치 바다에서 물거품이 하나 일어나는 듯하고, 미진같이 수없는 유루의 국토들이 모두 허공을 의지하여 생겼다는 것이다.

조산본적 선사가 상좌에게 물었다.

"부처님의 참법신은 마치 허공과 같은데, 사물에 응하여 형상을 드러내는 것이 마치 물에 비친 달과 같다고 하니, 그 응하는 도리를 어떻게 설명할 수 있겠는가?"

상좌가 말했다.

"마치 당나귀가 우물을 쳐다보는 것과 같습니다[如驢覰井]."

선사가 말했다.

"말인즉 크게 옳은 말을 했으나 단지 8할 정도만 말했을 뿐이다."

* 無邊虛空 覺所現發.

상좌가 말했다.

"화상께서는 어떻게 하시겠습니까?"

선사가 대답했다.

"우물이 당나귀를 쳐다보는 것과 같으니라[如井覷驢]."

당나귀가 우물을 쳐다보면 우물 안에 당나귀가 있고, 우물이 당나귀를 쳐다보면 우물 밖에 당나귀가 있다. 우물 밖의 당나귀는 우물 안의 당나귀와 같은가, 다른가? 본적 선사는 이렇게 읊고 있다.

그는 본래 내가 아니며, 나도 본래 그가 아니라네.
그는 내가 없으면 곧 죽고, 나는 그가 없으면 곧 나이네.
그는 나와 같으니 부처이고, 나는 그와 같으니 곧 노새라네.*

본래면목을 찾음에 밖으로 향해 찾지 말라. 만약 밖에서 찾으면 자기(나)와 너무나도 멀어진다. 내가 완벽하게 독야청청할 수 있다면 내가 어느 곳에 있든 눈앞의 모든 것이 바로 나 아님이 없다.

진각혜심 선사 또한 「대영對影」이란 시에서 이렇게 말하고 있다.

고요한 연못가에 외로이 홀로 앉았는데
잔잔한 물 밑에 우연히 또 한 스님을 만났네.
말없이 미소 지으며 서로 바라보다

* 渠本不是我 我本不是渠 渠無我卽死 我無渠卽余 渠如我是佛 我如渠卽驢.

나 그대를 알아 말을 해도 응답이 없네.*

어느 날 우물 속을 가만히 들여다보았다. 거기에 한 사람이 있었다. 어디서 본 것 같은 사람인데 누군지 모르겠다. 돌아가다 다시 와서 보아도 누군지 모르겠다. 모를 뿐이다. 오직 모를 뿐이다!

구름이 청산을 여의지 못하는 것은
송백에 이는 맑은 바람을
못내 잊지 못하기 때문이라네.

* 池邊獨自坐 池底偶逢僧 嘿嘿笑相視 知君語不應.

법식쌍운

대우수지 선사는 식륜食輪을 통해 법륜法輪을 밝힌 선지식이다. 대우산의 선방은 낡을 대로 낡았고 머무는 대중은 몇 명 되지도 않았다. 어느 날 운봉문열이 찾아왔다.

"무엇 때문에 왔는가?"

"심법心法을 구하고자 왔습니다."

"나는 법륜은 굴리지 못하고 식륜을 먼저 굴리고 있다네.* 후학들이 색력, 즉 물질적인 힘만 좇아가고 있으니 어떻게 대중을 위해서 밥을 얻어 오지 않을 수 있겠는가. 굶주림을 참기에도 짬이 없는데 어느 겨를에 너를 위해 설법해 주겠느냐?"

『마하승기율』에서 이르길, "두 종류의 수레바퀴가 있으니, 법륜과 식륜이다. 식륜을 얻고서야 법륜을 굴리는구나."라고 하였다.

식륜이란 일상생활을 가리키는 말이요, 법륜이란 수행과 교화를 이르는 말이다. 쉽게 말하면 밥 먹는 일을 식륜이라 하고, 법을 닦

---

* 法輪未轉 食輪先轉.

고 펴는 일을 법륜이라고 지칭하는 것이다.

　예로부터 총림의 일상사는 인시에 일어나 예불, 좌선, 공양, 입실, 운력, 탁발 등 하루 일과가 수레바퀴처럼 돌아간다. 그리고 일년에 두 번, 하안거와 동안거를 진행하며 생활과 수행을 이어 간다. 이때 일상생활을 위해 하는 일들이 식륜에 해당된다. 아울러 법을 묻고 설하고, 정진하는 일들은 법륜에 속한다.

　밥의 수레가 제대로 굴러가지 않으면 법의 수레 또한 제대로 굴러갈 수가 없다. 총림에 입방하여 도를 닦고자 하여도 먼저 생활상의 문제가 해결되지 못하면 행화가 원만하게 이루어질 수 없다. 즉 식륜과 법륜이 함께 굴러가야만 총림의 가풍이 살아나는 것이다. 따라서 삶의 입장에서 법륜이 항상 굴러가기[法輪常轉] 위해서는 먼저 식륜이 정상적으로 굴러가야 한다[食輪先轉].

　그래서 수지 선사는 법륜을 굴리기 전에 식륜을 먼저 굴리고 있다고 말하고 있는 것이다. 세속에서는 밥의 수레가 먼저이겠지만, 수행자의 삶에서는 식륜과 법륜이 함께 굴러가야만 한다.『선원청규』에서도 법륜과 식륜을 함께 굴린다는 의미로 법식쌍운法食雙運을 말하고 있다.

법문할 때는 (사람이) 적더니
밥문할 때는 (사람이) 많더라.

뿌리 없는 나무

전강영신 선사가 법상에 올라 말했다.

"제석천왕은 없는 것이 없어 세상의 존귀한 보물은 모두 다 가지고 있다. 그러나 제석천왕도 가지지 못한 세 가지 보물이 여기 있다.

첫째, 뿌리 없는 나무 한 그루.

둘째, 음과 양이 없는 땅 한 평.

셋째, 메아리 없는 한 골짜기."

이 세 가지 보물은 『칠현녀경』에서 설하고 있는 내용이다. 경 가운데 부처님께서 말씀하시기를, "나의 제자 중에 대아라한도 이 뜻을 알지 못할 것이요, 오직 대보살이라야 이 뜻을 알리라."라고 하였다.

전강 선사 또한 이렇게 말하였다.

"이 세 가지 보물을 다 가진 이는 남섬부주에서 도를 깨달은 대도

● 無根樹一株. 無陰陽地一片. 無響地一谷.

인밖에 없느니라. 인생으로 태어나 참선을 해서 자성을 깨달아라. 세 가지 삼반물三般物 이것이 자성이고, 도란 말이여. 메아리 없는 골짜기가 없고, 뿌리 없는 나무가 어디 있으며, 음양 없는 땅이 어디 있겠는가? 이 삼반물이 내 자성이요, 깨달아야 할 도요, 나의 각覺 자체이니, 반드시 이것을 밝혀야 하느니라."

소요태능 선사 또한 그림자 없는 나무[無影樹]를 노래하고 있다.

우습구나, 소를 탄 자여.
소를 타고 다시 소를 찾는구나.
그림자 없는 나무를 베어다가
저 바다의 거품을 다 태워 버려라.*

선사가 말하고 있는 무영수, 즉 그림자 없는 나무 역시 나의 자성이요, 본래면목이다. 바다의 거품은 번뇌 망념을 가리킨다. 자성의 무영수를 깨쳐 망념의 거품을 모두 소멸하라는 뜻일 것이다. 태능선사의 다른 시에도 진여자성의 그림자 없는 나무가 거듭 거론되고 있다.

한 그루 그림자 없는 나무를
불 속에 옮겨 심으니
봄비가 오지 않아도

* 可笑騎牛子 騎牛更覓牛 斫來無影樹 銷盡海中漚.

붉은 꽃 화려하게 피어나리.*

    자성의 무영수는 불에도 타지 않고 물을 필요로 하지도 않는다. 사시사철 언제 어디서나 활짝 피어 향기를 피우고 있다. 이것이 무엇인가. 생각으로 헤아려 알 일도 아니요, 언어문자로 더듬어 알 일도 아니다. 오로지 참구하고 또 참구하여 깨쳐서 스스로 밝아져야 알 수 있다. 청허 선사가 제자 태능 선사에게 한 그루 나무를 여실하게 부촉하고 있다.

    원각산 가운데 한 그루 나무가 있으니
    천지가 나뉘기 전에 꽃이 피었네.
    푸르지도 희지도 또한 검지도 않은데
    봄바람 속에도 없고, 하늘에도 없어라.**

이 한 그루 나무가 어디에 있는가?
한산의 소나무 사시사철 푸르네.

---

* 一株無影木 移就火中栽 不假三春雨 紅花爛漫開.
** 圓覺山中生一樹 開花天地未分前 非靑非白亦非黑 不在春風不在天.

눈을 져다 우물을 메우되

만약 공부하는 법을 말하자면 마치 어떤 사람이 눈을 져다가 우물을 메우는 것[擔雪塡井]처럼 하되, 추위와 더위, 밤과 낮을 가리지 않고 온갖 방법을 다해 눈을 짊어져 나르며, 천생만겁이 걸리더라도 그 가운데서 우물이 채워지리라 믿고 평온하게 선정의 주인이 되는 것과 같다.

고봉 선사는 말한다.

"눈으로 우물을 메우되 한 생각도 싫어하는 마음이 없으며, 한 생각도 게으른 마음이 없으며, 한 생각도 의심하는 마음이 없으며, 한 생각도 만족하는 마음을 구한 적이 없게 하라. 이것이 공부인의 마음가짐이다.

이 일을 거듭 말한다면, 참구에 참구함이며, 깨달음에 깨달음이며, 설법에 설법함이며, 행에 행함이며, 옴에 오며, 감에 가느니라. 비록 이와 같더라도 다시 서른 해를 기다려야 하니, 무엇 때문인가? 두 뿔과 네 발굽은 지나갔으나 아직 꼬리는 지나가지 않았기 때문이다.

천 길 우물 속에 빠진 사람이 오직 빠져나갈 생각만 하는 것과 같이 오직 일념이 만년 되게 하고 만년이 일념 되게 해야 한다. 오직 생사를 벗어나는 한 길을 걸어가는 것이 본분납자의 공부길이다."

일념이 만년 되게 하는 것이 고봉 선사의 『선요』에서 간절하게 제시하는 공부길이다. 더 이상 말이 필요 없다. 눈을 져다가 우물을 메우는 일이 끝이 없어 늘 하는 일이요, 해도 한 바가 없어 무위를 행하는 것이다. 단지 할 뿐인 공부를 지어 가야 한다. 이렇게 발심된 자라고 한다면 이미 부처님 품 안에 안긴 자요, 그 품마저 벗어난 자이다.

눈을 져다 부어도 부어도 그대로요,
공부를 해도 해도 그대로이다.
그대로가 부처이기 때문이다.

불착과 수순

　대승보살은 생사가 공한 줄 알기에 생사의 고통을 싫어하지 않고, 열반이 공한 줄 알기에 열반의 즐거움을 좋아하지도 않는다. 이것은 생사와 열반이 하나이기* 때문에 그 둘에 하등의 차별상이 없다는 것이다. 즉 생사의 세간과 열반의 출세간이 본질적으로 서로 동일하여 차별이 없다는 말이다. 생사와 열반은 차별이 없으므로 생사를 싫어할 것도 열반을 좋아할 것도 없는 것이다.
　보살은 지혜가 있으므로 생사가 본래 공한 줄 알아 생사를 떠나 거기에 머물지 않고, 보살은 또한 자비가 있으므로 열반마저 버리고 열반에도 머물지 않는다. 이것이 바로 지혜와 자비를 함께 닦는 대승보살의 '비지쌍운悲智雙運', 즉 반야바라밀인 것이다.
　『대반야경』은 이렇게 설하고 있다.
　"깊은 반야바라밀을 닦는 자는 생사의 과실을 싫어하지 않고 열반의 공덕을 좋아하지도 않는다. 무엇 때문인가? 이 법을 닦는 자는 생사를 보지 않는데 어찌 싫어서 떠남이 있을 것이며, 열반 또한 보

● 생사와 열반이 하나인 도리를 「법성게」에서는 '생사열반상공화生死涅槃相共和'라고 한다.

지 않는데 어찌 좋아서 즐김이 있겠는가."

대승의 사상을 계승한 선종에서는 무주생사, 무주열반의 무주행을 실천종지로 삼고 있다. 여기서 우리는 대승의 '일체개공'의 종착지가 바로 무주생사, 무주열반의 무주행, 즉 반야바라밀에 있음을 알 수 있다.

그러면 아직 완전한 깨달음을 성취하지 못한 수행자는 어떻게 해야 하는가? 하택신회 선사는 "유위를 다함이 없고[不盡有爲], 무위에도 머물지 않음[不住無爲]"을 원칙으로 내세우며, "비록 내가 깨닫지 못했다 하더라도 먼저 다른 이를 깨닫게 하라."라고 강조하고 있다.

신회 선사는 『열반경』을 인용하여 다음과 같이 설하고 있다.

발심과 깨달음은 둘이 아니다.
이 둘 중 발심하기가 더욱 어렵네.
내가 아직 도를 이루지 못했더라도
먼저 다른 이를 제도하라.
그러므로 초발심에 경례하는 것이다.
초발심은 이미 인천의 스승이라 성문과 연각을 뛰어넘는다.

보살의 두 가지 공능에 불착不著과 수순隨順이 있다. 대승보살은 마땅히 불착보다 수순을 더욱 소중하게 여겨야 한다. 불착이란 '번뇌에 집착하지 않고 생사를 해탈하는 것'이니 견성성불을 말함이요, 수순이란 '열반에 안주하지 않고 중생의 뜻에 따르는 것'이니 요익중생을 가리키는 말이다. 대승보살은 지혜와 자비를 함께 운용하되 자비의 실천이 우선시되어야 한다는 것이다.

나의 행복보다
다른 이의 행복을 먼저 생각하는 것이
보살의 용심이다.

꿈을 꾸는 사람이 바로
꿈 깨는 그 사람이다.

깨어 있는가

서암사언 선사는 늘 자신을 향해 말했다.
"주인공아!"
"예."
"깨어 있는가?"
"예."
"다른 날에 남에게 속아서는 안 된다."
"예."

현대 물리학에서는 "눈앞에 보이는 것은 다 거짓이다."라고 주장한다. 부처님께서도 "일체유위법이 꿈, 허깨비, 물거품, 그림자와 같다."라고 설하고 있다. 꿈속에 나타난 일체 모든 것은 꿈속에서는 진실한 것 같지만, 꿈에서 깨고 나면 모든 것이 허망하다. 『증도가』에서도 "꿈속에서는 밝고 밝게 육도가 있더니, 꿈을 깨고 나니 비고 비어 대천세계도 없더라."라고 밝히고 있다.

- 夢裏明明有六聚 夢覺空空無大千.

꿈이 꿈인 줄 모르는 것은 아직 꿈속에서 꿈을 꾸고 있기 때문이다. 꿈을 깨고 나서야 꿈인 줄 알게 된다. 다만 꿈인 줄 모르고 꿈에 휘둘리며 꾸는 꿈과 꿈에서 깨어나 스스로 꿈을 만들어 꾸는 꿈의 차이가 있을 뿐이다. 일체 경계가 모두 꿈인 줄 알아 꿈에 속지 않고, 깨어 있으면서 꿈을 창조적으로 만들어 가는 것을 '몽자재법문夢自在法門'이라고 한다.

어용군이 남양혜충 국사에게 물었다.
"국사께서 백애산에 계실 때 하루 종일 어떻게 수행하셨습니까?"
국사가 동자승의 정수리를 만지면서 말했다.
"깨어 있을지니, 다만 깨어 있어라. 또렷할지니, 다만 또렷하여라. 그리고 남에게 속지 말아라."

화두를 지어 감에 있어서 성성적적惺惺寂寂하라 하고, 성성역력惺惺歷歷해야 한다는 말이 있다. 성성적적이란 일념화두가 되어 늘 '깨어 있고 고요하다'는 뜻이고, 성성역력이란 '또렷하게 깨어 있다'는 의미이다. 화두일념으로 성성적적하고, 성성역력하게 공부를 지어 가야 한다. 일체 경계에 속아 넘어가지 말고 언제 어디서나 깨어 있어야 올곧은 수행자이다.

틈이 있어야 숨을 편히 쉴 수 있고
꿈을 깨야 마음을 편안히 할 수 있다.

작년 가난은 가난이 아니다

작년 가난은 가난이 아니요,
금년 가난이 비로소 가난일세.
작년에는 송곳 꽂을 땅도 없더니
금년에는 그 송곳조차 없구나.*

향엄지안 선사의 게송이다. 노자는 "학문을 한다는 것은 날마다 새로운 것을 채우는 것이요, 도를 닦는다는 것은 날마다 비우는 것"**이라고 하였다. 그래서 공자는 "날로 새롭게 하고[日新], 또 날로 새롭게 하라[又日新]."라고 말하고, 조사는 "비우고 또 비워서[空空] 비움마저 비우라[空亦空]."라고 가르치고 있다.

몸도 비우고 마음도 비워서, 그 비움마저 텅 비우면 어디에 근심 걱정의 자취가 남아 있겠는가. 이렇게 비우고 덜어 내어 허공에 점 하나 찍을 것 없을 때 비로소 참된 가난이다.

* 去年貧未是貧 今年貧始是貧 去年無卓錐之地 今年錐也無.
** 爲學日益 爲道日損.

위산 선사가 어느 날 제자 향엄에게 물었다.

"십이부경은 묻지 않겠다. '부모가 낳기 전 그대의 본래면목'이 무엇인가?"

향엄은 이 물음에 말문이 막혀 버렸다. 방으로 되돌아와 평소에 보았던 모든 책을 뒤져 가며 적절한 대답을 찾으려고 애를 써 보았으나 끝내 찾지 못했다. 스스로 탄식하였다.

'그림의 떡은 주린 배를 채워 주지 못하는구나.'

그 뒤로 향엄은 여러 차례 스승에게 가르쳐 주기를 청하였다. 그때마다 스승은 "내가 설명해 주는 것은 내 일일 뿐 결코 그대의 수행과는 관계가 없느니라."라고 말했다.

향엄은 평소에 읽었던 책들을 모두 태워 버리고 행각에 나섰다. 남양 땅에 있는 혜충 국사의 탑을 참배하고 그곳에 머무르게 되었다. 하루는 마당을 쓸다가 우연히 기왓장 한 조각을 집어 던졌는데 그것이 대나무에 '딱' 부딪치는 소리를 듣고는 활연대오하였다. 목욕재계 후 분향하고 멀리 스승 위산 선사가 계시는 곳을 향해 절을 올리고 말하였다.

"스승님의 큰 자비여! 부모의 은혜보다 더 큽니다. 만일 그때 저에게 설명해 주셨더라면 어찌 오늘의 이 깨달음이 있을 수 있겠습니까!"

훗날 지해본일 선사가 상당하여 이 공안을 제기하고 '송곳조차 없구나.'라는 구절에 이르러 말했다.

"나라면 그렇게 읊지 않을 것이다."

지난해의 부유는 부유가 아니요,

올해의 부유가 진실로 부유라네.
지난해에는 그래도 조주의 베적삼을 입었지만
올해는 운거의 고쟁이까지 벗었다네.•

"여러 선덕들이여, 가난한 자는 가난에 시달리는 것이 귀신을 만난 것처럼 무섭고, 부유한 자는 부유를 누리는 것이 나귀에 올라탄 것처럼 편하니, 어떻게 해야 빈부가 고르게 평등해질까?"
스스로 말했다.
"오리 다리를 늘이고 학 다리를 잘라서는 안 된다. 왜 그러한가? 큰 나무는 큰 껍질에 둘러싸여 있고, 작은 나무는 작은 껍질에 감싸여 있는 법이기 때문이다."

오리 다리가 비록 짧지만 늘이면 괴로워하고, 학 다리가 비록 길지만 자르면 슬퍼하는 것이다. 오리 다리를 늘이고 학 다리를 자르면 서로 다른 점이 없는 것이다. 빈부를 평등하게 만드는 것은 긴 것을 잘라서 억지로 짧은 것에 덧붙여 주는 것이 아니다. 이는 오리 다리는 짧은 그대로 학 다리는 긴 그대로 두는 것만 못하다.
참된 가난이 가장 부자다. 운거의 고쟁이는 고사하고 자신의 어머니로부터 타고나면서 받은 고쟁이까지 벗어야 진실로 부유함이 아니겠는가. 긴 것이라고 하여 남아돌지 않으며 짧은 것이라고 하여 부족하지 않다. 날마다 채움이 오히려 가난이 되고, 날마다 비움

• 去年富未是富 今年富始是富 去年猶著趙州衫 今年脫下雲居袴.

이 오히려 부자가 되어, 비움과 채움이 둘이 아닌 중도를 체득해야
천하를 활보할 수 있다.

묵은해 가고 새해 오는데
가난은 여전히 가난이로구나.
가난하면서 부유를 알아야 참된 가난이요,
부유하면서 가난을 알아야 참된 부유이다.

원융무애

회주의 소가 볏짚을 먹으니
익주의 말이 배가 터졌다.
천하에 제일가는 의사를 찾아서
돼지 왼쪽 어깨에 뜸을 떠 주어라.*

두순 선사는 중국 화엄종의 초조이다. 어느 날 제자가 두순 선사에게 "어떻게 하면 『화엄경』을 잘 이해할 수 있습니까?" 하고 물었다. 그 물음에 대해 두순은 위와 같이 대답해 주었다.

흔히들 화엄의 대의는 "만법을 하나로 통해, 한마음을 밝히는 것"**이라고 한다. 화엄에서는 "삼계가 허망하니, 다만 한마음이 만든 것"***이라고 말하고, 『기신론』에서는 "삼계가 허위이니, 오직 마음이 만든 것"****이라고 말한다. '일체유심조'라는 말은 일체 모든 것이 마

---

* 懷州牛喫禾 益州馬腹漲 天下覓醫人 灸猪左膊上.
** 通萬法 明一心.
*** 三界虛妄 但是一心作.
**** 三界虛僞 唯心所作.

음이 지은 것이란 뜻인데, 다만 마음이 그렇게 인식함으로써 비로소 있게 되었다는 말이다. 같은 맥락에서 선과 유식에서는 마음 밖에 법이 없기에[心外無法], 오직 마음일 뿐 그 대상 경계는 전제하지 않는 것[唯識無境]이라고 말하고 있다.

일체 만법은 오직 일심이 지어낸 것이기 때문에 존재하는 모든 것이 각각 존재하면서도 서로 상즉상입(相卽相入: 본질과 작용이 서로 융섭함)하여 걸림이 없게 되는 사사무애事事無碍로 드러나게 된다. 일체 만법이 개별성과 다양성을 그대로 유지하되 일심으로 통일되어 있다는 것이다. 원융무애*한 사사무애의 입장에서는, 허공이 겨자씨 속에 들어가도 전혀 걸림이 없게 되고, 중생이 병들면 보살이 아프게 마련이다.

이러한 화엄의 도리에서 보면, 회주의 소가 볏짚을 먹었는데 익주의 말이 배부른 것은 자연스러운 일이며, 말이 배가 아픈데 돼지 어깨에 뜸을 뜨는 것이 걸림 없고 막힘없는 원융무애로 나타나게 되는 것이다. 다만 천하의 명의인 화엄 종장의 시술이 필요할 따름이다. "한 티끌 속에 우주가 들어 있고, 모든 티끌마다 우주가 다 들어 있네."**라고 말한 「법성게」도 이 도리를 밝힌 것이다.

화엄의 광대무변한 진리의 세계를 210자로 새긴 의상 조사에 대해 일연 선사는 『삼국유사』에서 이렇게 찬하고 있다.

---

* 원융무애圓融無碍란, 모든 존재의 본래 모습은 치우침 없이 두루 원만하게 일체가 되어 서로 융화하며 걸림이 없다는 것을 말한다.
** 一微塵中含十方 一切塵中亦如是.

가시나무 헤치고 바다 건너서
티끌 먼지 무릅쓰고 도를 찾았네.
종남산 지상사의 문에 들어가
지엄 화상 가르침에 도를 깨닫고
화엄의 아름다운 진리의 꽃을
고국 땅에 돌아와 심으셨으니
종남산과 태백산*이 같은 봄이라네.

종남산에 꽃들이 만개하니
태백산 벌나비 꿀을 따고 있네.

* 종남산은 중국 장안(서안)에 있으며 의상이 유학한 지상사가 있는 곳이고, 태백산은 의상이 귀국 후 창건한 부석사가 있는 곳이다.

수류화개

산곡 거사 황정견은 북송 시대 문호이자 선자(禪者)이기도 하다. 유년시절부터 불교를 접하고 가까이하였지만 교양과 취미 정도에 그쳤다. 절집에 왕래가 잦았지만 수행의 면모를 갖추지는 못했고, 세속인으로서 고기 안주에 술을 좋아하고 사랑의 시를 지어 희롱하기를 좋아했다. 세상 사람들은 그의 애정시를 선호했지만, 당대의 올곧은 선지식 원통법수 선사는 이를 못마땅히 여기면서 심하게 경책하였다.

"대장부가 그 좋은 글솜씨를 겨우 이렇게 쓴단 말이오?"

이에 산곡이 씽긋이 웃으며 말했다.

"저까지 말 배 속에 집어넣으시려고요?"

그 당시에 이백시라는 화백이 있었는데, 말 그림을 잘 그려서 입신의 경지에 이르렀다. 법수 선사가 그에게 일체유심조의 도리를 설해 주고, "말 배 속에 들어갈 날을 경계해야 한다."라고 꾸짖은 일이 있었다. 선사의 경책을 받아들인 이백시는 뉘우치는 바가 있어 그 후로는 관세음보살상을 그렸다고 한다. 산곡이 이 일에 빗대어 법수 선사의 경책을 농으로 응대한 것이다. 그러나 법수 선사는 정색하며 다음과 같이 말했다.

"그대는 달콤한 말로 온 세상 사람의 음탕한 마음을 부추겼습니다. 말 배 속에 들어가는 정도로 그치지 않고 지옥에 떨어질까, 정말 두렵소."

이 벼락같은 경책에 크게 느낀 바 있어 산곡은 연애시를 짓던 붓을 당장 꺾어 버리고, 술과 고기와 여자에 탐닉해 온 방탕했던 삶을 참회하며 불전에 나아가 발원문을 짓게 되었다. 이 발원문 가운데 핵심이 바로 이런 다짐이었다.

이제 부처님을 마주해 크게 맹세하고 소원합니다.
오늘부터 미래세가 다하도록 다시는 음욕을 부리지 않겠습니다.
오늘부터 미래세가 다하도록 다시는 술을 마시지 않겠습니다.
오늘부터 미래세가 다하도록 다시는 고기를 먹지 않겠습니다.

그 후 산곡은 회당 선사 문하에서 수선정진하여 선지를 깨치게 되었다. 영원유청, 황룡사심 선사 등과 교류하며 스승 소동파와 더불어 황소문黃蘇門이라 불리며 계수나무 꽃처럼 맑고 향기롭다는 칭송을 받게 되었다. 산곡이 오늘날까지 세인의 칭송을 받고 있는 것은 진정한 발심에 있다고 하겠다. 다겁생래의 업식을 바꾸어 부처의 삶을 살아가고자 한다면 마땅히 발심행자가 되어야 한다.

만리 푸른 하늘에
구름 일어 비 내리네.

빈산에는 사람 없고
물 흐르고 꽃이 피네.*

이 시는 산곡이 스승 소동파의 「십팔나한송」의 '공산무인空山無人 수류화개水流花開'의 구를 빌려서 그 의미를 부연하고 있는 것이다. 추사 김정희가 좋아하여 서예의 걸작으로 남기고 있는 아래의 다게 또한 산곡의 작품이다.

고요히 앉아 차를 반쯤 마셨는데 향기는 처음과 같고
신묘한 작용이라, 때에 따라 물 흐르고 꽃 피는 소식이어라.**

산곡 거사의 일평생은 그야말로 물 흐르고 꽃 피는 소식이었다. 일찍이 불법에 귀의하고 선지를 깨달아, 구름에 달 가듯 살다 간 선자의 삶이었다. 산곡의 삶이 거울이 되어, 한 사람의 인생이 어떻게 발심하느냐에 따라 업생業生이냐 원생願生이냐로 달라짐을 보았다.

물 흐르고 꽃 피는 곳이
나의 고향이다.

* 萬里靑天 雲起雲雨 空山無人 水流花開.
** 靜坐處茶半香初 妙用時水流花開.

놓고 또 놓아라

선문에서 방하착放下着, 즉 '놓아라.'고 하는 말은 너무나 익숙한 말이다. 마음에 있는 소득심, 즉 번뇌 망상 일체를 놓아 버리고 쉬라는 의미이다.

한번은 흑씨범지가 꽃이 핀 좋은 오동나무를 신력으로 뿌리째 뽑아 좌우 손에 한 그루씩 들고 와서 세존께 공양하니, 세존이 "선인아, 놓아라." 하시었다.

범지가 왼손의 꽃을 땅에 놓았다. 세존이 다시 "놓아라." 하시니, 이번에는 바른손의 꽃을 땅에 놓았다. 세존이 또 "놓아라." 하셨다.

"세존이시여, 저는 이제 아무것도 가진 것이 없사온데 다시 무엇을 놓으라 하시나이까?"

"선인아, 내 너에게 그 꽃을 놓으라고 한 것이 아니니라. 너는 마땅히 밖으로 육진과 안으로 육근과 중간의 육식을 일시에 놓아 버려 더는 버릴 것이 없게 되면, 이곳이 곧 네가 생사에서 벗어나는 곳이니라."

이에 범지는 언하에 대오하였다.

엄양 존자가 조주 선사에게 물었다.
"한 물건도 가져오지 않았을 때는 어떠합니까?"
"내려놓아라."
"이미 한 물건도 가져오지 않았는데 무엇을 내려놓으란 말입니까?"
"내려놓지 못하겠거든 짊어지고 가거라."

황룡사심 선사가 말했다.
"대중들이여, 참선을 하고자 하거든 모름지기 모든 것을 놓아 버려라. 무엇을 놓아 버리는가 하면 이 몸과 마음을 놓아 버리며, 무량겁으로 익혀 온 허다한 업식業識을 놓아 버리라는 것이니, 그리하여 자기의 발밑을 향하여 '이것이 무슨 도리인고?' 하고 추궁하고 추궁하면 홀연히 마음 빛이 활짝 밝아 시방세계를 비추게 될 것이다."
황룡혜남 선사가 송을 지어 이 뜻을 밝히고 있다.

한 물건도 가져오지 않았는데, 어깨 위 짐을 들지 못하네.
말끝에 홀연히 잘못을 알아, 마음속엔 한없는 기쁨이로다.•

악독이 이미 마음에 사라지니, 뱀과 범이 벗이 되고
수백 년 세월이 흘러갔지만, 맑은 바람은 아직도 그치지 않네.••

• 一物不將來 肩頭擔不起 言下忽知非 心中無限喜.
•• 毒惡旣忘懷 蛇虎爲知己 光陰幾百年 淸風猶未已.

오온 십이처 십팔계로 어우러진 모든 인식작용이 본래 공하여 마치 거울에 나타난 허상과 같으니, 그것을 붙잡고 있을 하등의 이유가 없다. 사실 거울 자체가 본래 집착이 없기 때문에 애초에 잡고 놓음이 없는 것이다. 그래서 생사를 벗어나는 것이 아니라, 생사가 본래 없음을 깨치는 것이다. 다만 비추고 있을 뿐 취하고 버릴 것이 없음이 생사해탈이다.

놓고 놓아, 놓았다는 그것마저 놓아 버리니
삼천대천세계가 바로 내 집이네.

풀잎마다 조사의 뜻이

고려의 진각혜심 선사가 송했다.

풀 끝마다 조사의 뜻 분명함이여,
봄 숲에 꽃은 피고 새소리 그윽한데
아침에 비 내린 뒤 산은 씻은 듯하니
가지마다 붉고 희게 드러나 감출 수 없구나.●

이른바 '풀 끝마다 조사의 뜻 분명함'이란 방거사와 그의 딸 영조가 주고받은 법거량에 연유하고 있다.
방거사가 어느 노선사에게 "불법의 대의는 무엇입니까?"라고 물으니, 선사가 이렇게 대답했다.
"밝고 밝은 백 가지 풀 끝에, 밝고 밝은 조사의 뜻이로다."●●
방거사가 이 말을 딸 영조에게 들려주었다. 영조는 이 말을 듣자

● 祖意明明百草頭 春林花發鳥聲幽 朝來雨過山如洗 紅白枝枝露未收.
●● 明明百草頭 明明祖師意.

마자 바로 말하길, "평생 수행한 노선사의 소견이 고작 그것밖에 되지 않는가요. 쓸데없는 잠꼬대를 늘어놓았군요."라고 하였다.

"그럼 너라면 어떻게 대답하겠느냐?"라고 묻자, 영조가 말하기를 "밝고 밝은 백 가지 풀 끝에, 밝고 밝은 조사의 뜻이로다."라고 하였다. 그러자 방거사가 고개를 끄떡이면서 크게 웃었다.

겉으로 보기엔 똑같은 말을 주고받은 것인데, 과연 같은 말인가, 다른 말인가? 이것이 이 공안의 의심처이다.

청화원이라는 단청장이 있었다. 일찍이 출가하여 그림을 배워서 단청 장인이 되었다. 단청 일을 하다 보니 수행에는 별 관심이 없었고, 가끔 받은 돈으로 주막에 들러 술도 한잔하고 안주로 고기도 씹으며 여인네에게 기웃거리기도 하였다. 어느 날 밤 꿈에 일직사자와 월직사자가 나타나 "그대의 수명이 다했으니 명부세계로 데려가겠다."라고 하였다.

제대로 수행한 것도 없는데 졸지에 저승으로 끌려가게 생겼다. 사자들이 어서 가자고 호령을 하고 있는데, 청화원은 꼭 7일만 말미를 달라고 간청했다. 일직사자는 절대로 들어줄 수 없다고 했으나, 월직사자가 다른 일을 먼저 보고 오면 7일 정도 걸리니 그렇게 해 주자고 하여 그 청을 들어주었다. 청화원이 악몽에서 깨어나니 등골이 오싹하고 온몸이 땀으로 범벅이 되어 있었다.

정신을 차리고 곰곰이 생각해 보니 이것이 꿈속의 일만은 아닌 것 같았다. 단청불사나 하며 적당히 살아온 인생이 허망하기 짝이 없었다. 수행이 없는 삶이 죽음 앞에서는 무용지물임을 알았다. 청화원은 심기일전해서 남은 7일간 용맹정진을 하기로 발심하였다. 예전에 어느 절에서 단청을 할 때 법당에서 조실스님께서 하신 법문이 생각났다.

이때 청화원이 들은 법문이 바로 '명명백초두, 명명조사의'라는 공안이었다. 당시에 조실스님께서 "이 공안을 잘 참구하여 깨치면 염라대왕이 합장하고 두 무릎을 꿇는다."라고 하였다. 당장 7일 후면 염라대왕을 만나야 하는 그로서는 이 공안이 절체절명의 화두로 다가왔다.

"어째서 영조는 '명명백초두, 명명조사의'라고 반복해서 말했을까. 그 뜻이 무엇인가?"

청화원은 식음을 전폐하고 잠도 자지 않고 목숨 바쳐 화두삼매에 들었다. 어느덧 7일이 지나고 약속한 날짜가 되어 마침내 저승사자의 목소리가 들려왔다.

"청화원아, 나오너라. 이제 염라대왕에게 어서 가자."

그런데 웬걸, 청화원의 모습은 어디에도 보이지 않았다. 절 안을 샅샅이 둘러보고, 온 나라 안을 이 잡듯이 뒤져도 찾을 수가 없었다. 결국 염라대왕까지 친히 나서서 세상 구석구석을 다 뒤졌지만 청화원을 찾을 수가 없었다. 화두삼매에 깊이 든 청화원을 염라대왕마저 발견할 수 없었던 것이다.

비가 지나간 뒤 산은 참으로 청명하다. 가지마다 핀 꽃들도 더욱 선명하다. 비 온 뒤 산색은 번뇌가 끊어진 삼매의 경계이다. 선정의 산은 고요한데 갖가지 꽃이 향기롭구나. 천지가 화장세계요, 만물이 비로법신이다.

염라노자 밥값 계산할 날이 멀지 않았다.
발심행자 앞에서는 염라노자도 비켜 간다.

무심이 도다

양광정이 사공산 본정 선사에게 물었다.
"제자는 도를 사모한 지 오래입니다. 화상께서는 자비로써 가르쳐 주십시오."
선사가 대답했다.
"그대는 부처를 구하는가요, 아니면 도를 구하는가요?"
"부처와 도는 어떻게 다릅니까?"
"만약 부처를 구한다면 마음이 바로 부처이고, 만약 도를 이해하고 싶다면 무심이 곧 도라오."
광정이 절을 하고는 믿고 받아들였다.

도는 본래 이름이 없지만 마음으로 인하여 도라 이름한다. 마음이라는 이름이 만약 있는 것이라면 도는 헛되지 않을 것이지만, 마음을 궁구하면 본래 있지 않은 것이거늘 도가 무엇을 의지하여 이루어지겠는가. 두 가지 모두가 허망한 것이니, 임시로 세운 이름일 뿐이다.

본정 선사가 읊고 있다.

사대가 엉긴 이 몸 주인은 없어라.
흐르는 저 강물처럼 굽이치건 내달리건
헤아려 분별하지 않으면
꽃밭도 좋을 것 없고, 똥밭도 싫을 것 없는데
막히거나 뚫린다고 울고 웃을 일 있을까.
경계를 당해서 그저 강물처럼 무심할 수만 있다면
울퉁불퉁 세상만사 무엇이 걱정일까.

또 어떤 이가 본정 선사에게 물었다.
"이 몸은 어디서 왔다가 백 년 뒤에는 어디로 돌아갑니까?"
선사가 대답했다.
"가령 사람이 꿈을 꿀 때 그 꿈이 어디서 왔다가 잠 깬 뒤에는 어디로 가는가? 꿈을 꿀 때는 없다고 할 수 없고, 깬 뒤에는 있다고 할 수 없으니, 비록 있고 없음이 있으나, 가고 오는 바는 없다. 나의 이 몸도 바로 그 꿈과 같다."
거듭 게송으로 말했다.

삶을 꿈속처럼 보나니
꿈속에서는 진실로 어지럽다가
홀연히 깨고 보면 만사를 쉬어서
도리어 잠들었던 때를 깨닫는 것과 같네.

지혜로운 이는 꿈을 깨는 것을 알지만

미혹한 이는 꿈속의 소란함을 믿나니
꿈이 두 가닥과 같은 줄 알면
한 번 깨달음에 별다른 깨달음이 없네.
부귀와 빈천도 또한 다른 길이 아니로다.

―
꿈속의 사람은 혼란스럽지만
꿈을 꾸는 사람 자체는 본래 무심이다.
꿈을 꾸는 사람이 바로 꿈 깨는 그 사람이다.

참부처는 안에 있다

조주 선사가 말했다.

쇠 부처는 용광로를 건너지 못하고
나무 부처는 불을 건너지 못하고
진흙 부처는 물을 건너지 말지니
참부처는 안에 앉아 있느니라.

밖에서 만들어진 부처는 참부처가 아니다. 쇠 부처, 나무 부처, 돌 부처가 문제가 아니다. 사람들은 오늘도 밖에서 관념의 부처를 찾아 헤매고 있다. 설사 밖에서 부처를 찾았다 한들 그 부처는 모두 허공꽃에 불과하다. 밖으로부터 얻어지는 부처는 없다. 왜냐하면 참부처는 안에 앉아 계시기 때문이다.

마음이 부처라는 이 법문도 밖에서 찾아 헤매는 사람들을 위한 방편임을 분명히 알아야 한다. 마음은 안에도 밖에도 중간에도 없다. 또한 안과 밖과 중간을 떠나서 있는 것도 아니다. 다만 부처는 아니 계신 곳이 없다.

마조 선사가 말했다. "마음이 곧 부처라는 말은 우는 아기 달래기 위한 것"이라고. 울음을 그친 사람에게는 "마음도 아니요, 부처도 아니다[非心非佛]."라고 처방해 주고 있다.

조주는 거듭 일러 주고 있다.

"천 사람이고 만 사람이고 모두 부처 찾는 이들뿐이니, 도인은 한 명도 찾을 수 없구나. 만약 부처님의 제자가 되려거든 마음을 병들게 하지 말아야 하니, 고치기가 가장 어렵다. 세계가 있기 전에도 이 성품은 있었고 세계가 무너질 때라도 이 성품은 무너지지 않으니, 성품을 한 번 본 다음에도 딴사람 되는 것이 아니다. 다만 주인공이요, 본래부처일 따름이니, 이것을 다시 바깥에서 찾는들 무얼 하겠는가. 이런 때에 고개를 돌리지 마라. 곧 잃어버린다."

자기 스스로가 부처인 줄 모르고 밖에서 부처를 찾고 있고, 자기 마음이 부처인 줄 모르고 마음으로 마음을 찾고 있다. 이와 같은 사람이 부처병 든 사람이요, 마음병 들린 사람이다. 부처를 믿는 것은 부처가 되라는 말이고, 마음이 부처라는 것은 마음을 밝히라는 말이다.

그대의 성품이 그대의 본래면목이다.
부모로부터 태어나기 전
그대의 본래면목이 무엇인가?

자성견과 수연견

장연공이 하택신회 선사에게 물었다.
"만약 대상이 없으면 비춥니까, 비추지 않습니까?"
선사가 대답했다.
"밝은 거울은 대상이 있고 없고 관계없이 언제나 비추고 있습니다."

대상이 있고 없음에 상관없이 거울의 본성이 항상 비추는 것은 중생의 자성이 청정하여 지혜의 광명이 세계를 비추는 것과 같다. 이를 일러 자성견自性見이라 한다. 이에 비해 수연견隨緣見은 대상을 그대로 따르는 것으로 작용적인 면을 말한다. 방 안이 어두울 때 대상을 분명하게 볼 수 없는 것은, 자성견은 작용하지만 수연견이 작용하지 않기 때문이다.

자성견은 밝음과 어두움에 관계없이 보는 견이고, 수연견은 주변 환경에 영향을 받아 작용하는 견이다. 어둠 속에서 거울을 통해 내가 안 보인다 해서 거울이 나를 비추지 않는 것은 아니다. 어두운 가운데서도 거울은 나를 보고 있다. 있는 그대로의 나를 말이다. 우리의 자성, 불성도 이와 마찬가지이다.

자성은 본래 청정하여 텅 비고 고요하다. 텅 비고 고요한 본체 가운데 보는 것[見]이 능히 나타난다. 다만 청정의 본체조차도 오히려 얻을 수 없는데 어디서 이 견(見)이 나올 수 있는가. 비유하면 밝은 거울 가운데 비록 모양은 없으나 일체 모양을 볼 수 있는 것과 같다. 밝은 거울은 무심하기 때문이다. 행자가 만약 마음에 물든 바 없어 망심이 나지 아니하고, 주관과 객관에 집착하는 마음이 없어지면 자연히 청정한 것이니, 청정한 까닭에 능히 이 견(見)이 생겨난다.

대주혜해 선사에게 물었다.

"대상을 대할 때는 설령 보는 것이 있다고 하더라도, 대상을 대하지 않을 때는 어떻게 해서 보는 것이 있습니까?"

선사가 대답했다.

"지금 내가 본다고 하는 것은 대상을 대한다, 대하지 않는다를 논하지 않는다. 왜냐하면 본다고 하는 그 성품은 영원한 까닭에 대상이 있을 때도 보고 대상이 없을 때도 또한 보는 것이니라. 그런 까닭에 대상에는 본래 스스로 가고 옴이 있으나, 본다는 성품에는 가고 옴이 없음을 알지니, 다른 모든 감각 기관도 또한 이와 같으니라."

거울이 상을 보되 상을 취함이 없듯이, 대상을 볼 때 대상을 취하지 않음이 봄이 없이 보는 것이다. 대상에 관계없이 볼 수 있음이 자성견이며, 대상에 따라 분별하여 볼 수 있음이 수연견이다. 대상에 수연하되 자성을 지키고, 자성을 지키되 대상을 수연함이 참되게 보는 도리이다.

―

필경의 공 가운데서
불꽃 일어나듯 건립함이
선지식이다.

즉색즉공

대주혜해 선사가 설하고 있다.

"색에 즉하고 공에 즉하며[卽色卽空], 범부에 즉하고 성인에 즉함[卽凡卽聖]이 돈오입니까?"

"그러하니라."

"어떤 것이 색에 즉하고 공에 즉함이며, 범부에 즉하고 성인에 즉한 것입니까?"

"마음에 물듦이 있음이 곧 색이요, 마음에 물듦이 없음이 곧 공이며, 마음에 물듦이 있음이 곧 범부요, 마음에 물듦이 없음이 곧 성인이니라.

또한 진공묘유이므로 곧 색이요, 색을 얻을 수 없으므로 곧 공이니, 지금 공이라고 말한 것은 이 색의 성품이 스스로 공함이요, 색이 없어져서 공한 것은 아니니라. 지금 색이라고 하는 것은 이 공의 성품이 스스로 색이요, 색이 능히 색인 것은 아니니라."

그러므로 색이 그대로 공이요[色卽是空] 공이 그대로 색이므로[空卽是色], 즉색즉공卽色卽空이다. 비유하자면, 꿈 가운데서는 모든 것이 그대로여서 즉색卽色을 나타내더니, 꿈을 깨고 나니 허망하여 그대로 즉공卽空인 것이다. 즉색을 점차로 소멸시켜 즉공이 되는 것이 아니라, 꿈속의 즉색이 꿈을 깨니 바로 즉공이더라. 그래서 '꿈속에서는 육도가 있더니, 꿈을 깨고 나니 대천세계도 없다.'고 말하는 것이다.

―

유식은 만법유식萬法唯識이라 말하고
천태는 만법유색萬法有色이라 말한다.
유식이니 마음이요, 유색이니 세계로다.
마음은 세계의 마음이요,
세계는 마음의 세계이다.

지옥이 있습니까?

『보은경』에 이러한 내용이 있다.

제바달다가 오역죄를 지어 지옥에 떨어졌는데 세존께서 아난을 보내 위로하였다.

"지옥에서 지낼 만합니까?"

"내가 지옥에 있는 것은 마치 하늘나라의 쾌락과 같소이다."

"이곳에서 벗어나기를 원하십니까?"

"세존이 여기에 오시면 나도 나가겠노라."

"부처님은 삼계의 도사이거늘 어찌 지옥에 올 까닭이 있겠습니까?"

"부처님이 이미 지옥에 올 까닭이 없다면, 내가 어찌 지옥을 나갈 까닭이 있겠는가?"

대주혜해 선사에게 물었다.

"지옥이 있습니까, 지옥이 없습니까?"

"있기도 하고 또한 없기도 하느니라."

"어째서 있기도 하고 또한 없기도 합니까?"

"마음을 따라 짓는바 일체 악업이 곧 지옥이 있음이요, 만약 마음이 물들지 아니하면 자성이 공한 까닭에 곧 지옥이 없느니라."

"죄를 지은 중생도 불성이 있습니까?"

"또한 불성이 있느니라."

"이미 불성이 있다면 바로 지옥에 들어갈 때 불성도 함께 들어갑니까?"

"함께 들어가지 않느니라."

"바로 지옥에 들어갈 때 불성은 어느 곳에 있습니까?"

"또한 함께 들어가느니라."

"이미 함께 들어갈진대 지옥에 들어간 중생이 죄를 받음에 불성도 또한 함께 죄를 받습니까?"

"불성이 비록 중생을 따라 함께 지옥에 들어가지만, 중생이 스스로 죄의 고통을 받는 것이요, 불성은 원래 고통을 받지 않느니라."

"이미 함께 지옥에 들어갔을진대 무엇 때문에 지옥고를 받지 아니합니까?"

"중생이란 모양[相]이 있음이니 모양이 있는 것은 이루어지고 무너짐이 있음이요, 불성이란 모양이 없음이니 모양이 없는 것은 곧 공한 성품이니라. 그러므로 진공의 성품은 무너짐이 없는 것이니라. 비유하면 어떤 사람이 허공에 나무를 쌓으면 나무는 스스로 무너지나 허공은 무너지지 않음과 같으니, 허공은 불성에 비유하고 나무는 중생에 비유한 것이니라. 그러므로 함께 들어가나 함께 받지 않는다고 하느니라."

천당과 지옥이 본래 꿈속의 일이니, 꿈을 깨고 나면 어디에 천당과 지옥이 있겠는가. 꿈속에서 잠꼬대로 즐거워 죽겠다 하고, 괴로워 죽겠다 하고 있다. 즐거워 죽고 괴로워 죽는 그곳에서 살아날 궁리를 해야 한다. 왜냐? 죽는 그곳에서 꿈을 깰 수 있기 때문이다.

중생이 스스로 지옥을 만들어 괴로워하고
천당을 만들어 즐거워할 뿐이다.
천당에 있되 천당을 벗어나고
지옥에 있되 지옥을 벗어남이
해탈이요, 극락이다.

나귀 매는 말뚝

풍혈연소 선사에게 어떤 납자가 물었다.

"말을 하면 용用이 되고, 말을 하지 않으면 체體가 됩니다. 어떻게 해야 체와 용으로부터 모두 벗어날 수가 있겠습니까?"

선사가 대답하였다.

"항상 강남의 삼월 풍경을 생각하니, 자고새 우는 곳에 온갖 꽃이 향기롭구나."●

납자가 풍혈 화상에게 말의 작용과 침묵의 본체를 벗어난 한마디를 묻고 있는 것이다. 생각 속에 강남의 삼월 풍경은 체용을 감춘 것인가, 체용을 드러낸 것인가?

어느 날 보자 선사가 상당해서 말하기를, "사방에서 모여든 이들을 머리부터 발끝까지 점검하여 갈 곳이 없는 무리는 대나무로 아프게 때리리라. 설사 완전하게 대답했다 해도 역시 아프게 때리겠다."

● 常憶江南三月裏 鷓鴣啼處百花香.

라고 했다.

그때 한 스님이 물었다.

"이미 완전하게 대답했는데, 어째서 때립니까?"

이에 선사가 대답했다.

"듣지 못했는가? '사리에 부합되는 말 한마디는 만겁 동안 나귀를 매는 말뚝이다.'*는 말을."

이른바 '나귀 매는 말뚝'이라는 말은 언어문자 가운데 있되 언어문자를 여의는 것이 불법의 진리임을 천명한 것이다. 세존께서 팔만 장광설을 하시고는 열반에 드시기 전에 '일자불설'**이라고 말한 것과 궤를 같이 한다. 아무리 불법의 핵심을 드러낸 한마디 말일지라도, 그것에 아직 언어문자의 자취가 남아 있다면, 결국 수행자를 영원히 속박하는 말뚝이 되고 말 것이다. 언어문자는 개념에 속하기 때문인데, 언제나 개념의 구름이 하늘을 막히게 하는 것이다.

그래서 선종에서는 불립문자로써 그 종지를 삼는다. 그렇다고 언어문자를 사용하지 말라는 것은 아니다. 깨달음은 언어문자로 표현할 수는 없지만, 언어문자를 통하지 않고서는 깨달음에 나아갈 수 없다. 언어문자를 사용하되 언어문자에 매이지 않는 부즉불리不卽不離가 선종의 중도적 문자관이다.

덕산원명 선사가 대중에게 말했다.

---

* 一句合頭語 萬劫繫驢橛.
** 일자불설一字不說 『능가경』에 나오는 말로서, 한마디도 설하지 않았다는 뜻이다.

"생사대사를 마치면 삼세제불이라도 입을 벽에 걸어야만 한다. 그러나 여기 한 사람이 있어 하하 크게 웃는다. 만일 이 사람을 알면 참선수행을 다 마쳤다 하리라."

―
한바탕 크게 웃는 사람이 누구인가?
천하의 모든 사람이 지금 웃고 있지 않는가.

알지 못함은 금과 같고
알아 얻음은 똥과 같다.

백척간두에서 나아가라

백 척의 장대 위에 앉은 사람아,
비록 도에 들었으나 참다움은 못되나니
백 척의 장대 위에서 한 걸음 더 나아가야
시방세계 그대로가 부처님의 온전한 몸이로다.*

장사경잠 선사의 법문이다. 죽어야 사는 것이다. '사중득활死中得活, 절후재소絶後再甦'라는 말이 있다. 둘 다 죽었다가 다시 살아난다는 뜻이다. 공부가 깊어 망념이 다 소진되어 텅 빈 자리를 깨쳤다 하더라도, 그 텅 빈 공의 자리에 안주하고 있으면 죽은 삶이 되어 중도의 진리를 체득하지 못한 것이다. 그래서 "천 길 절벽에서 손을 뿌리치라."**라고 말하는 것이다.

백척간두에서 한 발짝 나아가면 죽음이다. 죽는 것이 사는 길이다. 보살은 지혜가 있어 생사에 머물지 않지만, 또한 자비가 있어

---

* 百尺竿頭坐底人 雖然得入未爲眞 百尺竿頭進一步 十方世界是全身.
** 천 길 절벽에서 손을 뿌리친다는 말이 현애살수懸崖撒手이다.

열반에도 머물지 않는다. 생사를 체득하여 열반의 경지에 이르렀다 하더라도 거기에 안주해 버리면 반개도인이다. 열반마저 박차고 생사의 땅으로 돌아와 중생구제의 동체대비를 행하여야 온개도인이 되는 것이다. 대승에서 성문과 연각을 비판하는 이유가 바로 열반에 안주하여 구세대비의 보살행이 없기 때문이다.

깨달음에 대한 집착이나 깨달았다는 법집이 남아 있다면
아직 완전히 깨달은 것이 아니다.
그것마저 놓아 버려야 진정한 깨달음이다.

어디서나 주인

임제의현 선사가 대중들에게 말했다.

"납자들이여, 불법은 애써 힘쓸 필요가 없다. 다만 평소에 아무 일 없이 똥 싸고 오줌 누고, 옷 입고 밥 먹으며, 피곤하면 잠자면 그뿐이다. 어리석은 사람은 나를 비웃는다. 그러나 지혜로운 사람은 안다.

옛 성인이 말씀하시길, '밖을 향해 공부하지 말라. 그것은 어리석은 자들의 짓일 뿐이다. 그러니 그대들이 어디서나 주인이 된다면, 서 있는 곳마다 그대로가 모두 참된 것이 된다.˙ 어떤 경계가 다가와도 끄달리지 않아야 한다.'고 하셨다."

인식주체(육근)가 객관대상(육진)과 접촉하여 인식작용(육식)을 일으킨다. 이때 주관은 끊임없이 객관을 향해 집착한다. 즉 마음은 경계를 향해 흔들린다. 마음은 경계의 마음이니 실체가 없어 공하고, 경계 또한 마음의 경계이니 실체가 없어 공하다. 마음과 경계가 모두 공하기 때문에 그 결과인 인식작용 역시 공하다. 공하여 집착이

˙ 隨處作主 立處皆眞.

없기에 진실된 세계 그대로이다. 어디에도 집착 없이 주체적으로 살아가는 것이 바로 수처작주요, 입처개진이다.

마조는 일찍이 '입처즉진立處卽眞'을 말한 적이 있다. 서 있는 그곳이 바로 진실이라는 말이다. 또한 이것을 '촉사이진觸事而眞'이라고도 한다. 부딪치는 모든 것이 진실이라는 말이다. 진리의 당체가 청정 본연하여 진실 그 자체이기에 본체가 드러난 작용마저도 모두 진실인 것이다.

승조 대사도 "성인은 모두 변화를 따르면서도 변화하지 않고, 한없는 속박 속에서도 항상 스스로 자유롭다. 만물 그 자체가 공이라는 도리에 통달하고 있기 때문이다."라고 말했다.

진리의 본체는 변함이 없으나 그 작용은 인연을 따라 변한다. 즉 불변이면서 수연하고, 수연이면서 불변인 것이 진리이다. 따라서 유마는 이렇게 말한다.

"세존이시여, 당신은 진제眞際를 움직이지 않고, 제법의 입처立處 그대로입니다."

진제의 본체를 떠나 속제의 작용이 있는 것이 아니라, 작용 그대로가 본체이고, 입처 그대로가 진실이라고 말하는 것이다.

―

중생 그대로가 부처이니
부처로 살면 된다.

말에 떨어지다

운문문언 선사에게 어느 스님이 물었다.
"광명이 고요히 항하사의 세계를 비추니…."
한 구절을 채 읊기도 전에 운문 선사가 급히 말했다.
"아니 그것은 장졸수재의 말이 아닌가?"
스님이 대답했다.
"그렇습니다."
운문 선사가 말했다.
"말에 떨어졌느니라[話墮]."

후에 황룡사심 선사가 이것에 대해 말하기를, "어디가 그 스님이 말에 떨어진 곳인가?" 하였다.

무문 선사가 평창評唱하기를, "만약 이를 향해 운문 선사의 험준하고 위태로운 용처와 이 스님의 말에 떨어진 원인을 보아 뜻을 얻으면 인천의 스승이 될 만하다. 만약 밝히지 못한다면 제 한 몸도 구제하지 못한다."라고 하며 거듭 송하여 말하였다.

급류에 낚시를 드리우니

먹이를 탐내는 놈이 걸린다.

다문 입을 벌리게 되면

목숨을 잃게 될 것이다.

어떤 스님이 운문 선사를 참문하러 와서 장졸수재의 게송을 막 읊기 시작하자, 선사가 대번에 그 스님의 공부경계를 알아보고 멈추게 하였다. 장졸수재는 석상경제 선사의 속가 제자이다. 이름이 '장졸'이며, '수재'는 당시 과거급제 후에 아직 관직에 나아가기 전 급제자 신분일 때 붙여 주는 호칭이다. 장졸수재가 석상 화상을 찾아왔을 때의 정황은 이러하다.

석상 선사가 묻는다.

"그대의 이름이 무엇인고?"

"성은 장張이고, 이름은 졸拙입니다."

이에 선사가 대꾸한다.

"교巧(교묘함)를 구함도 가히 얻을 수 없는데, 졸拙(졸렬함)이 어떻게 나왔는고?"

이 말에 장졸이 깨달은 바 있어 게송을 지어 바치니 다음과 같다.

광명이 고요히 항하사의 세계를 비추니

* 急流垂釣 貪餌者著 口縫纔開 性命喪却.

범부와 성인 모든 생명이 함께 나의 가족이네.
한 생각 일어나지 않으니 전체 모습 드러나고
여섯 감각 작용 일어나면 구름에 가리네.
번뇌를 끊으려 하면 병은 더욱 깊어지고
진여에 나아가려는 것 또한 삿된 것이라네.
세간 인연 따르되 걸림이 없으면
생사와 열반도 허공에 핀 꽃과 같다네.*

　비록 재가 거사의 오도송이라기에는 수재답게 너무나 본분 종지를 철저히 드러내고 있는 수작秀作임에 틀림없다. 당시에 이 장졸수재의 게송이 널리 유행하여 많은 사람에게 애송되고 있었던 모양이다. 운문 선사를 찾아와 깊은 선지를 묻고 있는 선객이 겨우 다른 사람의 게송이나 외워서 읊고 있었으니, 선사가 첫 구절에 간파하고 말에 떨어진 어설픈 거량을 그만두게 입을 막아 버린 것이다.

　스스로 깨달아 오도송을 읊는다 해도 점검을 감수해야 될 지경인데, 남의 오도송이나 외우며 다니고 있으니 언제 격외의 수재가 될는지. 운문의 관문을 통과하여 고봉정상에 우뚝 선 선자라야 인천의 스승이 될 것이다. 함부로 입 열면 낚싯바늘이 기다리고 있다. 불립문자의 가풍 속에서도, 예로부터 말로 선사 되고 말로 법사 된 사람이 많다고 하였다.

● 光明寂照遍河沙 凡聖含靈共我家 一念不生全體現 六根纔動被雲遮 斷除煩惱重增病 趣向眞如亦是邪 隨順世緣無罣碍 生死涅槃等空花.

세존의 팔만사천 법문도 옳고
유마의 침묵도 옳다면
말로써 말 없는 도리를 깨우치고
말 없는 도리로 장광설을 하는 것이다.

오직 모를 뿐

어떤 납자가 영명연수 선사에게 물었다.
"제가 오랫동안 영명도량에 있었으나, 어찌 아직 영명의 가풍을 알지 못합니까?"
"알지 못하는 곳을 알아라."

선 공부는 아는 공부가 아니라 알지 못하는 공부라는 것을 사람들은 잘 모르는 것 같다. 아는 것, 알 수 있는 공부는 세간의 공부다. 알 수 없는 것, 알 수 없는 곳을 향해 공부하는 것이 선가의 공부임을 명심해야 한다.
그럼 도대체 알 수 없는 곳이 무엇인가? 영명 선사는 "소의 배 속에서 코끼리 새끼가 태어나고, 푸른 바다에 티끌 먼지가 일어난다."라고 시설하고 있다. 이것이 아는 공부가 아니고 통째로 모르는 공부이다. 이 알지 못하는 곳을 알려면 오로지 일체 아는 것을 몽땅 놓아 버리고 '도대체 이 도리가 무엇인가?' 하고 참구해 들어가야 한다.

양 무제가 달마를 향해 묻는다.

"나와 마주한 그대는 누구입니까?"

"모르겠습니다[不識]."

무제는 황제 앞에서 당당하게 말하는 그대가 누구인가를 되묻고 있다. 돌아온 대답은 '모른다'이다. 오직 모를 뿐이다. 이 모름이야말로 천 부처가 출세하는 문이다. 달마는 냉철하다. 예로부터 법은 인정을 용납하지 않는다. 그래서 천지는 불인不仁이라고 했다. 겉으로는 냉정한 것 같으나 실제로는 한량없는 자비심으로 "모르겠습니다."라고 친절하게 가르쳐 주고 있다.

내가 누구인지 한번 말해 보라. 무엇인가? 일체의 분별적 알음알이를 텅 비워 생각이 끊어진 자리, 철저히 모름의 상태가 되어야 내가 누구인지 확연히 드러날 것이다.

조주 선사는 "지극한 도는 어렵지 않다. 오직 분별하지만 않으면 된다."라고 했다. 말하는 순간, 분별함에 떨어지거나 명백함에 떨어진다. 사람들은 명백함에 머무는 것을 보호하고 아끼지만, 조주는 명백함에도 머물지 말라고 가르친다. 이에 또 어떤 납자가 "이미 명백함 속에도 있지 않다면 무엇을 보호하고 아껴야 합니까?"라고 묻자, 조주는 "나도 모른다[不知]." 하고 거듭 알고 모름을 절단截斷하고 있다.

고봉 선사는 이렇게 소참하고 있다.

"어느덧 일 년 삼백육십오 일이 오늘 밤에 다 끝나는데, 열에 다섯 쌍은 선수행을 하면서 선을 알지 못하고[不知], 도를 배우면서도 역시 도를 알지 못한다[不識]. 다만 이 부지불식不知不識의 네 글자가 바로 삼세제불의 골수이며 일대시교의 근원이다."

 만 권의 책을 읽고 백과사전을 거꾸로 암송한다고 하더라도 이것은 분별 망념에 속한다. 아는 것이 무슨 죄가 있겠느냐만 앎 속에서 헤매는 것이나 모름 속에서 헤매는 것이나 마찬가지이다. 깨달음은 알고 모르는 데 속해 있지 않다. 아는 것은 망념이요, 모르는 것은 무기이다. 둘 다 병이다. 병통을 한꺼번에 놓고 알고 모름 이전의 순수의식으로 돌아가 이것이 도대체 무엇인가를 궁구하라. 이것이 생사를 벗어나는 참된 공부이다.

―

알지 못함은 금과 같고
알아 얻음은 똥과 같다.

허공의 눈짓

　남양혜충 선사는 당 숙종과 대종 때의 국사이다. 40년을 당자곡 깊은 산속에서 수행하다가 숙종의 간곡한 청에 의해 국사가 되었다. 어느 날 황제가 국사에게 여러 가지를 물었다. 그러나 국사는 아무 대꾸도 하지 않았다.
　황제가 언짢게 생각하며 말했다.
　"짐은 대 당국의 천자이거늘 국사께서는 어찌하여 선뜻 돌아보시도 않는단 말이오?"
　국사가 대답했다.
　"황제께서는 허공을 보았습니까?"
　"보았습니다."
　"허공이 눈을 찡그리고 폐하를 보던가요?"

　허공은 시비가 없다. 생사가 끊어진 자리가 허공이다. 나다 너다, 좋다 싫다 등의 분별이 끊어진 것이 허공심이다. 텅 비었으나 모든 것을 감싼 허공이여! 오직 그대가 가장 가난하면서도 가장 부귀한 존재로구나.

오늘 아침 일어나
허공장보살 한번 불러 본다.

자가보장을 찾아라

탄연 선사와 회양 선사는 도반이다. 함께 숭산의 혜안 선사를 참방하여 여쭈었다.

"어떠한 것이 조사가 서쪽에서 오신 뜻입니까?"

혜안 선사가 대답하였다.

"너희는 어찌 너희들 자신의 뜻은 묻지 않고 너희와 상관없는 남의 뜻을 묻고 있느냐? 마땅히 각자의 은밀한 작용을 관해야 할 것이니라."

탄연이 다시 물었다.

"어떠한 것이 은밀한 작용입니까?"

혜안이 눈을 깜빡깜빡해 보였다.

탄연이 즉석에서 깨달았다.

자신의 의지는 반조하지 않고, 조사서래의만 묻고 있음을 경책하고 있다. 누구나 자기 자신의 의지를 참구하여 각자의 의지를 밝혀야 한다. 일체중생이 다 가지고 있는 원각보장圓覺寶藏은 팽개

치고 밖으로 환화공신*만 추구하고 있다. 지금 묻고 있는 그것이 바로 원각보장이다.

    대주혜해 선사가 강서의 마조 대사를 찾아갔다.
    "무슨 일로 왔는가?"
    "불법을 구하러 왔습니다."
    "자기 집 보물[自家寶藏]은 돌아보지 않고 집을 떠나 무엇을 찾으려는가? 이곳에는 한 물건도 없으니 무슨 불법을 구하겠는가?"
    "어떤 것이 이 혜해의 자가보장입니까?"
    "나에게 묻고 있는 것이 너의 보장이니라."

    자가보장이 무엇인가. 지금 자가보장이라 말하고 있는 그것이다. 자기 마음속에 깊이 감추고 있는 보물은 끄집어내지 않고 밖으로 남의 집 보물을 탐내고 있는 것이 아닌가. 『여래장경』에서는 빈가보장貧家寶藏을 설하고 있다. 내용인즉 가난한 집 비밀창고에 감추어진 선대의 보물을 찾는 이야기를 담고 있다. 가난한 중생이 마음 깊이 간직하고 있는 불성이라는 보물을 찾으라는 말이다.

영원히 써도 다함이 없는 보장을 가지고 있는데
그 보장을 놓아두고 어찌 밖에서 그 보장을 찾는단 말인가.

- 환화공신幻化空身이란, 허깨비 같은 텅 빈 몸이란 뜻이다. 생사 가운데 있는 중생의 몸을 가리킨다.

앎이라는 한 글자

하택신회 선사가 말한다.

"앎[知]이라는 한 글자는 온갖 신묘한 이치가 드나드는 문이다."[*]

황룡사심 선사가 말한다.

"앎[知]이라는 한 글자는 온갖 재앙이 드나드는 문이다."^{**}

누구의 말이 옳은가? 둘 다 옳다. 선과 화엄의 회통을 도모하는 종밀의 입장에서 하택의 지知는 화엄의 일심에 깃든 지혜와 선의 공적영지空寂靈知를 회통하여 신묘한 깨달음의 문이 될 수밖에 없다. 그러나 지해知解의 알음알이를 소탕하는 임제 종풍에서 지知라는 한 글자가 재앙의 문이 됨은 당연한 일이다.

하택이 말하는 지知는 선문에서 지양하는 알음알이의 지해知解가 아니라, 공적영지로 표현되는 본래지本來智로서의 지知이다. 공적한

* 知之一字衆妙之門.
** 知之一字衆禍之門.

마음에 나타난 영지불매의 지혜를 나타내는 말이다. 하택, 징관, 종밀에게 지知는 일진법계로서의 일심에 갖추어진 지知이므로 바로 여실지견인 영지靈知를 말하는 것이다. 그러므로 지知라는 한 글자는 도에 들어가는 신묘한 문이요, 도를 깨닫는 오묘한 문이 되는 것이다. 즉, 종밀은 하택의 지知를 중생의 참마음 바탕에 본래 갖추어진 영지불매의 지혜로 본 것이다.

영지불매의 지혜는 분별이 없는 자성의 앎이다. 알려고 하지 않아도 저절로 아는 늘 그러한 자연지를 말하는 것이다.『보장론』에서 말한 "유를 알면 유가 허물어지고, 무를 알면 무가 허물어지나, 참다운 앎은 유와 무를 헤아리지 않으며, 유무를 헤아리지 않는다면 곧 그 자체가 자성의 분별이 없는 앎"인 것이다.

한편, "이 문에 들어오면, 알음알이를 두지 말라."*라고 가르치는 임제 종풍에서는 당연히 이 지知가 금기시될 수밖에 없다. 이때의 지知는 지혜가 아닌 지해知解로서의 알음알이를 말하는 것이다. 이때는 지知라는 한 글자가 모든 재앙의 문이 되는 것이다. 그래서 오히려 역으로 "모른다는 한 글자[不知]가 모든 신묘한 문이다."**라고 말하고 있는 것이다.

같은 말임에도 불구하고 종파적인 색깔이 덧칠해지고, 방편 시설의 대상에 따라 다르게 표현되는 것이다. 일심의 공적영지를 드러나게 할 때는 지知라는 한 글자가 모든 신묘한 문이 되고, 일체의 분

---

* 入此門來 莫存知解.
** 不知一字衆妙之門.

별망지分別妄知를 소탕하고 신광불매神光不昧의 지혜를 밝히고자 할 때는 지知라는 한 글자가 모든 재앙의 문이 되는 것이다.

―
지知라는 한 글자가 무슨 허물이 있겠는가.
물은 죄가 없다.
다만 소가 마시면 우유가 되고
독사가 마시면 독이 될 뿐이다.

점심을 먹다

　덕산선감 선사는 본래 그의 성이 주씨이므로 '주금강周金剛'이라고 할 만큼 『금강경』에 능통하였다. 그래서 『금강경소초』라는 주석서를 집필하기도 했다.
　당시 남방에는 '교외별전, 불립문자'를 종지로 내세우며 '마음이 곧 부처다.'라고 주장하는 선불교가 크게 유행하였다.
　이에 덕산선감 선사는 '경에 의하면, 수행하여 삼 아승지겁이 지나서야 성불할 수 있다고 하였는데, 범부의 마음이 바로 부처라고 하다니 이런 마설이 어디에 있는가.'라고 생각하고 당장 남방으로 내려가 마구니들을 일망타진해야 되겠다고 다짐했다.
　마침 예주 땅의 용담사 아랫마을에 이르렀는데, 배도 출출하고 해서 점심 요기나 할 요량으로 호떡을 팔고 있는 노파에게 다가갔다. 그런데 노파가 느닷없이 질문을 던졌다.
　"무엇을 하시렵니까?"
　"점심*을 먹고자 합니다."

* 점심點心이란, 마음에 점을 찍는다는 의미이다. 옛날에는 허기를 면할 정도, 즉 간에 점 하

"점심을 먹겠다 하니, 마음에 점을 찍겠단 말이지요. 그런데 지고 있는 걸망 속에 무엇이 들어 있소?"

"『금강경소초』입니다."

"그래요, 그럼 어디 『금강경』에 대해서 좀 물어봅시다. 제대로 답변을 한다면 호떡을 공짜로 드리겠지만, 제대로 대답을 못하면 다른 곳으로 가 보시오."

"좋습니다. 그렇게 하지요."

"『금강경』에 '과거심도 얻을 수 없고, 현재심도 얻을 수 없으며, 미래심도 얻을 수 없다.'*고 했는데, 화상께서는 대체 어느 마음에 점을 찍겠소?"

이 말에 『금강경』에 달통한 덕산은 그만 말문이 막히고 말았다.

이처럼 선지가 번쩍이는 말은 경전 안에는 없다. 선의 기봉으로 바로 묻고 바로 답할 일이지 사량분별로 더듬을 일은 아니다. 배부르다 배고프다고 하는 그 마음의 실체가 무엇이냐고 묻고 있는 것이다. 곧장 마음의 주인공을 묻는 질문에 천하의 덕산도 꿀 먹은 벙어리가 되고 말았다. 생각 이전이요, 말 이전의 소식을 전혀 눈치챌 수가 없었다. 한 생각 일어나고 사라지는 생멸심으로는 마음의 본체를 파악할 수 없다.

과거의 마음은 이미 흘러갔고, 미래의 마음은 아직 오지 않았다.

나 찍을 정도로 간단히 먹는 간식을 나타내는 말이었다.
* 過去心不可得 現在心不可得 未來心不可得.

현재의 마음도 찰나 생멸이라 붙잡을 수 없는 것이다. 염념상속하는 생멸심에는 그 어디에도 실체가 없기에 도무지 점을 찍을 수가 없다. 생각 이전 자리에 도달해 보지 않고서는 본래면목을 보려야 볼 수가 없는 것이다. 생각 이전 자리로 돌아가기 위해서는 마땅히 생각을 끊는 공부를 해야 한다. 세상에 공짜는 없다.

―

실재와 마주치지 않은 관념놀이로
실참이라고 착각하지 말라.

눈 가득 푸른 산

귀종지상 선사에게 어떤 스님이 물었다.
"무엇이 부처입니까?"
"내가 그대에게 일러 주는 것은 사양하지 않겠지만, 그대가 믿지 않을까 염려된다."
"화상의 진실한 말씀을 어찌 감히 믿지 않겠습니까?"
"바로 너이니라."
"어떻게 보림해야 합니까?"
"조그마한 눈병이라도 눈에 있으면 허공에서 꽃이 어지럽게 떨어지느니라."
스님이 이 말에 크게 깨달았다.

우적 상공이 약산 선사를 방문하여 물었다.
"무엇이 부처입니까?"
약산 선사가 상공을 불렀다.
상공이 "예." 하고 대답했다.
약산 선사가 말했다.

"이것이 무엇인가?"
상공이 그 말에 깨달았다.

마음 밖에서 찾지 마라. 지금 말하고 듣고 있는 이것, 지금 여기서 '예' 하고 있는 네가 바로 부처이다. 선에서는 마음이 부처라고 말하고, 사람이 부처라고 말한다. 지금 말하고 듣고 있는 나는 나라고 정의된 내가 아니고, 다만 지금 '예' 하고 깨어 있는 '나 아닌 나'일 뿐이다.
천태덕소 선사가 송했다.

통현봉 꼭대기는 인간 세상 아닌데
마음 밖에 법이 없으니, 눈에 가득 푸른 산이네.*

너도 부처 나도 부처, 일체 만물이 부처 아님이 없다. 별유천지가 그대로 인간 세상이다. 인간을 떠나서 부처를 구하지 말고, 마음을 떠나 법을 찾지 말라. 눈 뜨면 눈 가득 청산이다.

부처 닮은 사람이요,
사람 닮은 부처로다.

* 通玄峯頂 不是人間 心外無法 滿目靑山.

불락인가, 불매인가

　백장회해 선사께서 상당하여 법을 설했다. 법회 때마다 한 노인이 대중들의 뒷좌석에 앉아 설법을 듣다가, 대중이 물러가면 함께 물러가곤 하였다. 그러다 어느 날은 물러가지 않고 머뭇거리고 있었다. 백장 선사가 이상히 여겨 물었다.
　"그대는 누구인가?"
　"네, 저는 인간이 아닙니다. 먼 옛날 가섭불 시대에 이 절의 방장이었습니다. 어느 날 한 승려가 '크게 수행한 사람(깨달은 사람)도 인과에 떨어집니까?'라고 묻기에, 제가 '인과에 떨어지지 않느니라[不落因果].'고 잘못 응답하였기 때문에 오백 생 동안 여우의 몸을 받았습니다. 원컨대 화상께서 저를 위하여 부디 일전어─轉語를 설하시어 여우의 과보를 벗어나게 해 주십시오."
　백장 선사가 다시 묻게 하자 노인이 물었다.
　"크게 수행한 사람도 인과에 떨어집니까?"
　"다만 인과에 어둡지 않느니라[不昧因果]."
　이 한마디 말에 노인은 바로 깨닫고 절하며, "저는 이제 여우의 몸을 벗어나게 되었으니, 바라건대 뒷산 여우굴의 시신을 죽은 승려의 예우로 장례를 치러 주십시오."라고 간청했다. 곧 백장 선사께서 대중에 명하여 장례를 치르게 하였다.

　인과에 불락不落인가, 인과에 불매不昧인가? 전 백장은 불락이라는 한마디로 오백 생 동안 축생의 과보를 받았고, 후 백장은 불매라는 한마디로 축생의 업보를 면하게 하였다. 알고 잡는 불덩이에는 손을 데지 않는 법이다. 그러나 누가 알리요, 불락과 불매를 동시에 뛰어넘는 도리가 따로 있는지를.
　뒷날 무문 선사께서 평창하기를, "불락인과라 했을 때 어째서 여우가 되었으며, 불매인과라 했을 때 어째서 여우 몸을 벗어났을까?"라고 제자들을 다그쳤다. 그러고는 "만약 이를 '깨달은 눈'으로 꿰뚫어 볼 수 있다면 곧 전 백장이 살았던 오백 생의 세월은 도리어 풍류였다는 것을 알 수 있을 것이네."라고 하였다. 이어 게송으로 일렀다.

　　불락이 앞면이고 불매가 뒷면이 나오건
　　이는 모두 동전 앞뒷면 가운데 한 면일 뿐
　　불매가 앞면이고 불락이 뒷면이 나오건
　　이는 도박판을 벌인 것처럼 모두 그릇된 짓이네.※

※　不落不昧 兩采一賽 不昧不落 千錯萬錯.

불락과 불매
그 어디에도 걸림이 없어야
대자유인이다.

제불통계

모든 악을 짓지 말고
뭇 선을 받들어 행하여
스스로 그 뜻을 깨끗이 하라.
이것이 모든 부처님의 가르침이다.*

모든 부처님께서 출세하시어 공통으로 가르친 말씀이 '제불통계'이다. 제1구는 악을 그치는 지악止惡을 말하고, 제2구는 선을 짓게 하는 작선作善을 말하고 있다. 지악작선은 모든 윤리 도덕이 지향하는 바이다. 그러나 제3구는 불교의 특색이 가장 두드러진 가르침이다. '뜻을 깨끗이 하라.'는 말은 '마음을 깨달으라.'는 말로 환치된다. 아무리 지악작선의 인과를 중장시킨다 해도 근본인 마음자리를 깨치지 못하면 윤회의 고통을 벗어나 해탈을 기약할 수 없다.

백낙천은 당송팔대가에 속하는 문장가이자 유명한 정치가였다.

* 諸惡莫作 衆善奉行 自淨其意 是諸佛敎.

당시 당대의 선지식으로 불리는 조과도림 선사를 찾아갔다. 조과 선사는 나무 위에 집을 짓고 살았기 때문에 조과鳥窠 선사, 혹은 까치집이란 뜻의 작소鵲巢 화상이라 불리었다.

백낙천이 나무 위에서 좌선하고 있는 조과 선사를 쳐다보며 "너무 위태롭지 않습니까?"라고 말하자, 선사가 "내가 볼 때는 그대가 더 위태롭네."라고 응대했다. "땅 위에 있는데 뭐가 위태롭습니까?"라고 하니, 선사는 "그대의 마음은 지식과 벼슬로 교만이 높아서 번뇌와 탐욕이 마치 나무 섶에 불이 붙은 것 같으니 어찌 위태롭지 아니한가."라고 말했다.

낙천은 교만심을 버리고 정중하게 가르침을 청했다.

"하루 십이시 가운데 어떻게 수행해야 도와 상응하겠습니까?"

이에 선사가 일러 준 법문이 바로 제불통계이다. 당대의 스승으로부터 고준한 법문을 기대했던 낙천은 실망하여 말하였다.

"그것은 삼척동자도 다 아는 이야기 아닙니까?"

선사의 벼락같은 소리가 귓전을 내리친다.

"삼척동자도 다 알기는 쉽지만 팔십 노인도 행하기는 어렵다."

그렇다. 아무리 문수의 지혜가 고준하더라도 보현의 행원이 구족되지 않으면 절름발이 신세가 아닌가. 해행상응解行相應이 조사이다.

악한 생각도 일으키지 말고

선한 생각도 일으키지 말라.
악업을 지으면 악도가 기다리고
선업을 행하면 선도가 기다린다.
선악을 함께 벗어나는 것이 해탈이다.

큰일과 작은 지조

분양선소 선사는 어려서 출가하여 당대의 선지식 70여 분을 참문하고 그 가풍과 종지를 터득하였다. 그런데 가는 곳마다 오래 머물지 않고 풍광이 수려한 산천 경계에 무관심하였다. 혹자는 운치 없는 사람이라고 비웃기도 했지만, 선사는 당당하게 말했다.

"옛 스승들은 행각을 할 때 성인의 마음과 통하지 못했다는 그것 하나로 걸음을 재촉하여 선지식을 찾아가 오직 생사를 결판했을 뿐, 어찌 산수 유람으로 한가하게 세월을 보냈겠는가."

드디어 수산성념 선사를 참문하고 활연대오하여 말했다.

"만고에 푸른 못과 하늘에 뜬 달은 두 번 세 번 걸러 내야 알 수 있다."

그러고는 스승에게 예배하고 대중처소로 돌아갔다. 당시 수좌로 있던 귀성 선사가 무슨 도리를 보았기에 갑자기 그렇게 자긍하느냐고 물으니, "이곳이 내가 바로 신명을 바칠 곳이다."라고 하였다.

장사 태수가 주지하기를 요청하였으나 여러 번 거절하고 조용히 물러나 산문을 걸어 잠근 채 칭병하고 자리에 누워 버렸다.

석문온총 선사가 문을 박차고 들어가 꾸짖어 말하길, "불법은 큰 일이고 조용히 물러나 쉬는 일은 작은 지조인데, 그대는 불법을 짊어질 힘이 있거늘 어찌 편안히 잠만 자려 하시오?"라고 하였다.

선사가 벌떡 일어나 "그대가 아니면 이 말을 듣지 못했을 것이오. 빨리 가서 여법하게 준비해 두시오. 내 당장 가리다."라고 승낙하였다. 이에 태자원의 주지를 맡고는 한 번 선상에 앉은 후로 30년 동안 그림자가 산문 밖을 나가지 않았다.

보살은 사私에 머물지 않고 항상 공公에 머문다. 작은 지조가 큰 원력을 넘을 수 없다. 무주생사, 무주열반의 무주묘행이 보살행이다. 신회 선사는 『열반경』의 설법을 인용해 "내가 비록 깨닫지 못했더라도 다른 이를 먼저 깨닫게 하라." 하였다.

연수 선사 또한 『화엄경』을 읽다가 "만일 보살이 큰 원력을 내지 않으면 그것은 보살의 마장이다."라는 구절에 이르러 느낀 바가 커서 마침내 「대승비지원문」을 지어 미혹한 중생들을 대신해 하루에 한 번씩 발원을 하였다.

―

출가인은 항상 공에 머물러야 하는데
이때의 공은 두 가지 뜻이 있다.
첫째는 空(공)이요, 둘째는 公(공)이다.

말과 침묵

덕산 선사가 대중에게 일렀다.

"말을 해도 삼십 방을 때릴 것이요, 말을 안 해도 삼십 방을 때릴 것이다. 그대들은 어떻게 하겠는가?"

외도가 부처님께 물었다.

"말이 있음도 묻지 않고 말 없음도 묻지 않겠습니다." 하니, 세존께서 한참 말없이 계시자 외도가 찬탄하였다.

"세존께서는 대자대비하시어 저의 미혹의 구름을 열어 주시어 저를 깨닫게 하셨습니다."

외도가 떠난 뒤에 아난이 세존께 물었다.

"외도는 무엇을 보았기에 자기를 깨닫게 하였다고 하였습니까?"

세존께서 말씀하셨다.

"세간의 훌륭한 말은 채찍 그림자만 보고도 달린다."

분별심으로 이리저리 생각을 굴려 적당한 대답을 찾지 말라. 말 이전에 이미 답은 거기에 있다. 다만 이 생각 저 생각 굴리는 반연만 끊어 내면 명백해진다.

　묵조선에서는 이미離微를 체득하는 것을 최고의 경지인 지유至遊라고 하였다. 굉지정각 선사가 말하길, "묵조의 도는 이미의 근본이다. 그러니 이미를 철견하게 되면 뛰어난 법기가 된다."라고 하였다. 여기서 이離와 미微는 자성의 체體와 용用을 가리킨다. 모든 상을 떠나 적멸무여한 본체가 이離이며, 미묘하여 불가사의한 현상의 작용이 미微이다. 묵조란 진여자성의 체용을 철저히 깨닫는 근본 수단이 되는 것이다.

　『보장론』에서는 이미를 상相과 무상無相으로 설명하고 있다. 예를 들어 말하면, 물은 일정한 형태가 없으나[無相], 그릇에 담기므로 일정한 형태[相]를 지닌다. 형태를 띠기는 하지만[相] 그것은 실로 그릇의 형태일 뿐, 물의 형태는 아니다[無相]. 여기서 알 수 있듯이, 상相이란 무상無相의 상이며, 무상이란 상의 무상이다. 물이 그릇에 담겨 일정한 모양을 가지지만[相], 그것은 그릇에 의한 상일 뿐 물은 여전히 모양을 띠지 않는다[無相]. 무상은 상의 무상이므로 본체로서 이離이며, 상은 무상의 상이므로 작용으로서 미微가 되는 것이다.

　물이 그릇에 따라 상을 가지되, 그 상은 상 가운데 있되 상을 떠난[離] 무상이기에, 모든 사물에 응하되 집착을 여읜 중도의 불심을 규정하는 개념이 되는 것이다. 물이 그릇에 따라 일정한 모양을 띠기는 하지만, 본래 모양 없는[無相] 것을 숨기고 작용하는[微] 상이기에 중생의 근기에 따라 제도하는 방편을 세우는 것이다.

　말과 침묵은 각각 이離와 미微를 침해한다고 했다. 어떻게 해야 이와 미를 통해 양변을 어기지 않을 수 있겠는가. 말로 드러낸다는 것은 물이 특정 그릇에 담겨 모양을 띠게 되는 상相과 같다. 말을 했다는 것은 무상無相으로 정의되는 이離의 본체를 거스르게 되는 것이다. 반대로 말하지 않고 침묵한다는 것은, 물이 특정 그릇에서 벗어나서 미微의 작용을 거스르게 된다는 것이다. 말을 하면 본체를 침해하여 지혜를 잃어 버리고, 말하지 않으면 작용을 침해하여 자비를 잃게 되는 것이다.

어떻게 해야 이와 미를 함께 통해서 거스르지 않겠는가. 말을 해도 삼십 방, 말하지 않아도 삼십 방인데 도대체 어쩌란 말인가? 삼세 제불도 모르고, 역대 조사도 모른다. 다만 모르는 이것이 보물이다.

도를 도라 하면 항상한 도가 아니요,
공을 공이라 하면 항상한 공이 아니다.*

* 道可道非常道 空可空非常空.

선도 악도 생각하지 말라

노행자가 5조 홍인 대사로부터 심인을 인가받고 대유령을 넘어갈 때, 뒤쫓아 오는 무리들을 피해 바위 위에 가사와 발우를 놓고 몸을 숨겼다. 가장 먼저 달려온 혜명 상좌가 가사와 발우를 들려고 하였지만 꼼짝도 하지 않았다.

혜명은 참회하는 마음으로 말했다.

"행자시여, 내가 뒤쫓아 온 것은 가사와 발우를 위함이 아니고 법을 위함입니다."

노행자가 숨겼던 몸을 나타내어 말했다.

"선도 생각하지 말고[不思善], 악도 생각하지 않을[不思惡] 때 무엇이 혜명 상좌의 본래면목인가?"

이에 혜명 상좌가 깨달았다.

앙산혜적 선사가 상좌에게 말했다.

"선도 생각하지 말고 악도 생각하지 말라 하였으니, 이러한 때는 어찌하겠는가?"

"바로 그러한 때가 제가 생명을 던질 곳입니다."

"어째서 나에게 묻지 않는가?"

"그러할 때는 화상이 보이지 않습니다."

이에 선사가 말했다.

"나를 부축하되 일어서지 못하게 하는구나."

선과 악이 나누어지기 전의 본래면목으로 돌아가라는 말이다. 돌아가는 길은 혼자 가는 길이다. 본래면목은 자기 자신이 깨쳐야지 누구를 의지할 수 없다. 생명을 던져야 되는 그곳은 스승에게 물어서 갈 수 없다. 그래서 스승이 보이지 않는 법이다. 두 가지 분별이 일어나기 이전 자리를 향해 지심으로 귀명해야 한다.

고인이 말했다.

"어떤 사람은 향나무로 불상을 만들고, 다른 한 사람은 향나무로 똥막대를 만들면 어떠한가? 그 본성을 잃는 것은 똑같다. 한 사람은 선행을 지어 천당에 태어나고, 다른 한 사람은 악행을 저질러 지옥에 태어나면 어떠한가? 선악은 비록 다를지라도, 윤회하는 것은 마찬가지이니라."

지공 선사가 말하였다.

"만약 선을 닦으면 곧 인천의 과보를 받을 것이며, 만약 악을 지으면 윤회의 과보에 떨어질 것이다. 그러므로 선악의 두 길은 도법의 실다운 이치가 아니다."

인천의 과보와 윤회의 과보를 떨쳐내야 본래의 길이 드러난다.

인정으로 부축하고
법으로 스승을 넘어서는 것이
제자의 본분이다.

부처와 조사는 오직
그대만을 위해 법을 설한다.

일하지 않으면 먹지 마라

　백장회해 선사는 『백장청규』를 제정하여 선종을 실질적으로 독립시킨 분이다. 선사는 평상시에 언제나 수고로운 일이 있으면 반드시 대중들보다 솔선하는 자세를 보였다. 보청법普請法을 실시하여 선농일치를 실행함으로써 많은 부분 자급자족의 전통을 세워 장차 선종이 발전하는 토대를 마련하였다.

　그는 평생을 수행과 일에 매진해 왔다. 일흔의 노구임에도 불구하고 매일 밭일을 쉬지 않는 스승이 안타까워서 하루는 제자들이 몰래 농기구를 숨겨 버렸다.

　밭일을 못하게 된 선사는 공양 때가 되었는데도 처소에서 나오지 않았다. 제자들이 걱정이 되어 "어찌하여 공양도 하지 않으십니까?"라고 하자, 이때 한 말이 그 유명한 "하루 일하지 않으면, 하루 먹지 않는다."*라는 격언이다. 제자들은 어쩔 수 없이 스승께 농기구를 내드렸다. 이후 선사께서는 입적하는 날까지 하루도 쉬지 않고 선농일치의 모범을 보여 주었다.

* 一日不作 一日不食.

보청법은 상하가 힘을 고르게 쓰는 데 있다. 전 대중이 한 사람도 빠짐없이 참석하여 평등하게 작무를 행하는 것이 보청법이다. 지금도 선문에는 운력이란 이름으로 보청법을 계승하고 있다. 전해 오는 말에, 운력 때에는 부엌의 부지깽이도 움직인다고 하였다.

많은 사람들이 '어떻게 하면 일하지 않고 놀면서 살 수 있을까?' 하고 궁리하는 세상 인심 속에서 "일하지 않으면 먹지 말라."라는 백장 선사의 벽력같이 준엄한 경책은 지금도 유효하다. 수행과 노동의 일치야말로 불교의 선문을 넘어서서 전 인류가 감당해야 할 삶의 준칙이 아닐 수 없다.

절집에서는 지금도 공양하기 전에 오관게五觀偈를 염송한다.

"이 음식이 어디서 왔는가. 내 덕행으로 받기가 부족하네. 마음의 온갖 욕심 버리고, 몸을 지탱하는 약으로 삼아, 도업을 이루고자 이 공양을 받습니다."

물 한 방울에 천지의 은혜가 깃들어 있고, 밥 한 알에 우주의 기운이 스며들어 있는데 어찌 일하지 않고 먹을 수 있겠는가.

수행은 온몸으로 피땀 흘리는 것이다.
깨달음 역시 피땀의 결실이다.

조주고불

　선가에서는 조주 선사를 보통 '조주고불趙州古佛'이라 불렀다. 그것은 그가 오늘의 하북성에 있는 조현의 관음원에서 행화한 살아 있는 부처였기 때문이다. 조주선사가 이른바 '조주고불'이라고 불리는 데는 다음과 같은 일화가 있다.

　어느 날 조주를 찾아온 한 스님이 설봉 선사와 있었던 일을 거론하였다.
　제자가 물었다.
　"고담한천古潭寒泉이라 오래된 연못에 차가운 샘이 솟을 때는 어떻습니까?"
　설봉 선사가 대답했다.
　"아무리 뚫어지게 들여다보더라도 밑바닥이 보이지 않네."
　"물을 마시는 사람은 어떻습니까?"
　"입으로 마시는 것이 아닐세."
　말이 여기에 이르자 조주 스님이 우스갯소리로 말했다.
　"입으로 마시지 않으면 코로 마셔 보지."

이에 객승이 물었다.

"그러면 스님께서는 고담한천에 관하여 무엇이라 하시겠습니까?"

"물맛이 쓰다[苦]."

"물을 마시는 사람은 어떻습니까?"

"죽는다."

설봉 선사는 그 후 이 말을 전해 듣고서 조주 스님을 찬양하며 말했다.

"옛 부처다[古佛], 옛 부처다[古佛]."

고불이란 참부처란 말이다. '고담한천'이란 도의 다른 이름이다. '맛이 쓰다'는 것은 깨달음에 이르기까지는 철저한 자기 부정과 자아 수련을 통과해야만 한다는 의미일 것이다. 쓴맛 없이는 진정한 기쁨이란 없다. 죽지 않고서는 다시 살아날 수 없다.

조주 선사는 이른바 '조주고불'이라는 칭호에서 알 수 있듯이 선문의 대종장임에도 불구하고 너무나 인간적인 면모를 보여 주고 있다. 이것이 그의 강점이요, 매력이다. 그래서 오늘날까지도 조주 선사를 종문의 정안正眼이라고 칭송하고 있는 것이다.

어느 때 한 스님이 선사의 진영을 그려 바쳤다. 그러자 선사께서 말하기를, "만일 나를 닮았으면 나를 죽일 것이요, 닮지 않았다면 이를 즉시 불살라 버릴 것이다."라고 하였다. 긍정도 착着이요, 부정도 착着이다. 천지가 조주의 얼굴인데, 어디에 닮고 닮지 않음이 있겠는가.

조주는 "만물 가운데 무엇이 가장 견고합니까?"라는 학인의 물음에 "욕을 하려거든 서로 주둥이가 맞닿을 만큼 해야 하고, 침을 뱉으려거든 너에게서 물이 튈 정도가 되어야 한다."라고 대답했다.

철저함이 가장 견고하다. 주둥이가 맞닿고, 물이 튈 정도로 사무치게 철저해야 무너지지 않는 도를 이룰 수 있다. 따듯한 품속에 활인검이 있고, 또한 살인도가 있어 살리기도 하고 죽이기도 하여야 본분종사이다.

조주가 고불古佛이면
누가 신불新佛인가.
너도나도 고불이요,
너도나도 신불이겠지.

스승 사師

영수여민 선사에게 어떤 제자가 물었다.

"조사가 서쪽에서 오신 뜻이 무엇입니까?"

선사가 잠시 말없이 있다가, 제자들을 향해 입을 열었다.

"내가 나의 행장비를 세우려고 하는데, 비에 쓸 한마디 말을 지어 보라. 만약 들어맞는다면 조사서래의를 물을 만한 자격이 있다고 할 것이다."

제자들이 각각 한마디씩 했지만 아무도 스승의 뜻에 들어맞지 않았다. 나중에 영수여민이 세상을 떠난 뒤 한 제자가 운문 선사에게 물었다.

"누군가가 열반하신 스승을 위해 비를 세운다면 무어라 해야 하겠습니까?"

운문이 대답했다.

"사師(스승)이니라."

돌아가신 스승을 위해 행적비를 세운다면 무슨 내용이 가장 합당할까? 온갖 미사여구와 과대포장으로 쓰인 현대의 비문을 굳이 예로 들지 않더라도, 고금을 막론하고 스승의 비문은 칭송의 미덕이 넘쳐나게 마련이다. 스승의 은혜가 하늘과 같기 때문일 것이다. 그런데 운문 선사는 열반에 드신 스승을 위해 비를 세움에 스승의 뜻에 가장 부합하는 한마디가 바로 '스승 사師'라고 간명직절하게 말하였다. 그는 '사師' 한 글자로 전무후무한 행장비를 건립하여 스승의 은혜에 보답하고 있다.

올곧은 스승이 없다 말하고, 스승 노릇하기가 참으로 어렵다 말한다. 시절이 아무리 변한다 하더라도 스승은 스승의 자리에 있어야 한다. 제자를 품는 스승, 제자에게 존경받는 스승, 교학상장敎學相長하는 스승이 아쉬운 세태이다. 보태어 말하면, 가르칠 것이 다한 스승에, 배울 것이 다한 제자이면 더할 나위 없이 좋겠다.

행장의 내용을 아무리 명문장으로 적고 공덕을 찬양한다 하더라도 마음속에서 우러나는 우리의 진정한 '스승[師]'이라는 한마디가 각인되지 않는다면 이 어찌 제대로 된 행장비라 하겠는가. 그래서 뒷날 사람들이 덧붙이기를, "단단한 돌에다 억지로 새겨 넣는다고 해서 이름이 오래 남는 게 아니다. 길거리 오가는 사람들의 입이 곧 비석이다."라고 하였다.

스승은 다만 스승으로 살고
스승으로 기억될 뿐이다.

오온 본래 공

　구마라집의 문하에 뛰어난 제자가 많은데 그 가운데 도생, 승예, 도융, 승조를 사철四哲이라 불렀다. 특히 『조론』으로 유명한 승조는 해공제일*이라 칭송을 받았다. 그의 고준한 인격과 뛰어난 학식은 널리 알려져 조정에까지 소문이 자자하였다. 당시 후진의 황제 요흥은 뛰어난 인재의 해외 유출을 염려해서 승조로 하여금 조정에 나오게 하여 재상으로 삼고자 청했다.

　"대사께서 환속하여 재상이 됐으면 하오. 지금은 천하가 갈라져 쟁패를 거듭하고 있으니 대사 같은 분이 나오셔서 지혜를 보태면 요순의 세상이 될 수 있을 것이오. 이것 또한 중생을 크게 이롭게 하는 것이니 스님은 청을 거절하지 말기 바라오."

　승조는 이를 단호히 거절하며 일갈했다.

　"일국의 재상이란 다 꿈속의 일입니다. 산승은 무상대도를 얻어 일체중생을 구제하는 것이 소원이니 제발 저를 오라 가라 하지 마

● 해공제일解空第一이란, 공호의 도리를 제일 잘 이해하는 사람이라는 뜻이다. 원래 부처님의 십대제자 가운데 수보리 존자를 일컫는 말인데, 여기서는 구마라집의 제자 가운데 반야의 공을 가장 잘 체득한 승조 대사를 칭하는 말로 쓰였다.

십시오."

요흥은 거듭 청했으나 승조는 그때마다 말을 듣지 않았다. 마치 신라의 선덕왕이 자장 율사를 불러 대사마를 삼으려 하자, 자장이 "계를 지키고 하루를 살지언정 파계하고 백 년을 살지 않겠다."라고 말한 경우와 흡사하다.

아무리 청해도 듣지 않자 화가 난 요흥은 승조를 옥에 가두고 거듭 거절하면 목을 치겠다고 했다. 그래도 승조는 요지부동이었다. 승조를 다른 나라에서 요청해 데려가면 큰 인재를 잃을 것이라 여긴 요흥은 승조를 죽이라고 명령했다. 서른하나의 나이에 형장의 이슬로 사라진 승조 대사는 임종 시에 이렇게 읊고 있다.

사대로 된 몸 본래 주인이 없고
오온으로 된 목숨 본래 공이로다.
시퍼런 칼날에 목을 내미니
마치 봄바람에 베이는 것 같구나.•

어리석은 중생을 위해서도
기꺼이 죽어 줄 줄 아는 사람이
성인이다.

• 四大元無主 五蘊本來空 將頭臨白刃 猶似斬春風.

온몸이 밥

설봉의존 선사가 어느 날 시중示衆하였다.

"밥 광주리 곁에 앉아서 굶어 죽은 이가 수도 없고, 물가에 앉아서 목말라 죽은 이가 무수하도다."

그러자 이를 듣고 있던 현사사비 선사가 말했다.

"밥 광주리 속에 앉아서도 굶어 죽은 이가 수도 없고, 물속에 빠져서도 목말라 죽은 이가 무수합니다."

이에 운문문언 선사가 말했다.

"온몸이 밥이요, 온몸이 물이니라."

훗날 지비자知非子가 송했다.

바다에서 남에게 물을 찾아 구하다가
목말라 죽은 바보가 불쌍하기도 하여라.
본래의 면목을 전혀 알지 못하고
짚신을 떨어뜨리면 어디서 찾으려나.

온몸이 밥이니 굶어 죽을 일 없고, 온몸이 물이니 목말라 죽을 일 없다. 있는 그대로가 본래면목인데 따로 면목을 찾을 일 또한 없는 것이다. 그런데도 밥 굶고, 목마르고, 면목 없는 사람이 수두룩하다.

길가에서 어떤 사람이 무슨 잘못을 했는지 "면목 없습니다."라고 말하며 고개를 숙이고 있었다. 지나가는 사람이 이를 보고 "저렇게 멀쩡한 면목으로 말하고 고개 숙이면서 어째서 면목이 없다고 하는가." 하고 중얼거렸다. 그 면목이 그 면목이 아닌가.

천지가 밥이요, 천지가 물이니
먹을 수도 뱉을 수도 없구나.

은혜 갚는 법

설봉의존 선사에게 왕대왕이 은으로 된 교자상 하나를 보내 왔기에 받았다. 어떤 스님이 물었다.

"화상께서 대왕의 공양을 받았는데 무엇으로 보답하시겠습니까?"

선사가 손으로 땅을 짚고 소가 된 시늉을 하고는 말하길, "나를 조금 때려라. 나를 조금 때려라." 하였다.

천복일이 송했다.

남의 소 한 마리 얻고서는 남의 말 한 마리 갚으니
주고받는 데 풍류가 우아하다.
지금도 남의 은혜 받는 이 많건만
그 누가 은혜를 갚는 사람이던가.

소산에게 어떤 스님이 묻되 "설봉이 '나를 조금 때려라.'고 말한 뜻이 무엇입니까?" 하니, 선사가 대답하되, "머리 위에 뿔을 나란히

이고 꼬리를 드리우니 발꿈치에 닿느니라." 하였다. 머리에 뿔이 달리고 꼬리 긴 소가 음매 하고 있다.

천녕 기가 상당하여 이 이야기를 제기하고 이어서 이르기를, 어떤 스님이 운문 화상에게 묻기를, "시주의 이런 공양을 받고 무엇으로 보답하시렵니까?"라고 하니, 운문이 대답하기를, "말이 되고 나귀가 되느니라." 하였다. 또 다른 스님이 조주에게 묻기를, "시주의 이런 공양을 받고 무엇으로 보답하시렵니까?" 하니, 조주가 대답하기를, "경을 지니고 부처를 생각하느니라." 하였다. 이 두 일화를 말하고는 물었다.

"이 세 존숙이 시주의 공양을 받고 모두가 보답하는 법이 있는데, 나는 손으로 땅을 짚지도 않고, 말이나 나귀도 되지 않겠으며, 경을 지니거나 부처를 생각지도 않으리니, 말해 보라. 무엇으로 보답하겠는가?"

이어서 송하기를, "시장하면 밥을 먹고 피곤하면 잠을 자느니라." 라고 하였다.

소가 되고 말이 되고 나귀가 되고, 경 읽고 기도한들 어찌 시주의 은혜를 다 갚을 수 있겠는가. 피모대각*이 되어서라도 갚을 요량으로 공부하면 못 갚을 일도 없겠지. 공부 제대로 하여 생사를 돈망하고, 무심도인이 되어 수연자재의 경지에서 제도한 바 없이 제도하여 시주의 은혜에 보답하면 될 것이다.

* 피모대각披毛戴角이란, 털을 걸치고 뿔을 인다는 말로 짐승이 된다는 의미이다.

시방법계가 온통 은혜 속에 있다.
자, 어쩔래?
보듬고 살자.

생사 바다 넓으니

설봉 선사에게 어떤 스님이 물었다.
"생사의 바다가 넓으니, 어찌해야 나룻배를 만납니까?"
선사가 대답하였다.
"뗏목에 오르면 뗏목이 가라앉고, 배에 오르면 배가 가라앉느니라."

대각 연 선사가 송했다.

삶의 바다가 망망하고 죽음의 바다가 깊어서
뗏목에 타면 뗏목이 가라앉고, 배에 타면 배가 가라앉는다.
종사의 한마디는 사사로움이 없는 말이니
순금을 금에 바르지 않는 줄 누가 알리오.

생사의 바다 가운데 있되 계정혜를 부지런히 닦으면 노와 돛대를 쓰지 않아도 풍랑에 휩쓸리지 않고, 가고 옴에 부낭浮囊을 빌리지 않더라도 부침浮沈하지 않는다. 이것이 생사의 파도가 멈추지 않는 곳에서 사공 없이도 파도를 벗어나는 묘도이다.

생사가 열반인데 생사의 바다에서 물장구치고 즐길 일이지 어느 언덕으로 건너가고자 나룻배를 구한단 말인가. 아무리 생사의 바다가 망망한 대해요, 깊고 깊은 심해라 할지라도 생사가 공한 도리를 깨치면 대해가 대지가 되고, 심해가 수영장이 될 것이다. 뗏목과 배가 무슨 소용이겠는가.

빛으로 빛을 감출 수 없고, 금으로 금을 바를 수 없는 것은 본분작가가 아니라도 이미 알고 있는 도리인 것을. 그래도 명안종사의 한마디는 만고의 궤칙이니, 어찌 사사로이 듣겠는가.

듣지 못했는가? 생사가 열반이요, 중생이 부처라는 말을. 생사 바다 건너 열반의 언덕이 있다면 반야용선의 돛을 빌려야 하겠지만, 고해 바다가 곧 열반 언덕이니 인로왕보살은 여전히 뱃전에서 낮잠을 즐길 뿐이다.

―

운수납자 이르는 곳마다 고향인데
아직도 남쪽 나라 고향 그리는 이 있구나.

빈손에 호미 들고

경허 화상이 한암 선사에게 물었다.
"고인이 이르기를, '사람이 다리 위를 지나가는데, 다리는 흐르고 물은 흐르지 않네.'라고 하였네. 이것이 무슨 뜻인지 아는가?"
한암 선사가 답하였다.
"물은 진眞이요, 다리는 망妄입니다. 망은 흘러도 진은 흐르지 않습니다."
여기서 언급된 고인은 바로 당나라 부대사를 가리킨다. 부대사가 송했다.

빈손에 호미 들고
걸어가며 물소 타네.
사람이 다리 위를 지나가는데
다리는 흐르고 물은 흐르지 않네.*

---

* 空手把鋤頭 步行騎水牛 人從橋上過 橋流水不流.

이에 보지공 선사가 송하였다.

"법신에 정해진 모습 없음이 빈손이라면, 색신이 인연 따라 있음은 호미 든 것이네. 만약에 걸으며 오가는 뜻을 알게 된다면, 망상을 따라 변한 진심이 바로 소라 하리. 진심을 물에 빗대니 물은 항상 고요하며, 허망한 신체 다리 삼으니 다리만 흐를 뿐. 진심 움직이지 않고 오직 몸만 움직이니, 다리 흐르고 물 흐르지 않는 뜻 이것일세."

황룡혜남 선사가 말했다.

"지혜의 바다에는 바람이 불지 않는데, 깨달음과 망상을 분별함으로써 범부가 된다."

깨달음과 망상의 분별이 고요한 지혜의 바다를 흔들어 동요시키는 바람과 같고, 그것이 곧 범부의 허물이라는 취지이다.

사대 화상의 송은 또한 이러하다.

"찰나에 생멸하는 무상이 빈손이요, 번뇌 뿌리 제거하려 호미 들었다네. 정혜를 평등하게 닦음이 걷는 뜻이요, 법계 떠나지 않으려고 흰 소 탔다네. 육바라밀 다리 삼아 소 끌고 지나니, 모든 현상 무상함은 다리 흐름이라. 법성은 맑고 깨끗하여 물과 같으니, 본래 고요함이 물 흐르지 않음이라."

대혜종고 선사가 상당하니, 어떤 학인이 물었다.

"빈손인데 호미를 들었고, 걸으며 물소를 타고 있다는 말은 무슨 뜻입니까?"

"뱀장어가 기름 항아리 속으로 뛰어들었다."

"달마 대사의 수염은 붉다고 생각했었는데, 그와 똑같이 붉은 수염을 한 분이 계시군요."

"사람이 다리 위를 지나는데, 다리는 흐르고 물은 흐르지 않는구나."

"부대사는 어물전과 주막에서 사람들을 가르쳤는데, 화상께서는 어디서 사람들을 가르치십니까?"

"모든 곳에서 사람들을 가르친다."

"몇 사람이나 가르치셨습니까?"

"단지 그대 한 사람만 가르쳤는데, 그대가 칠통과 같이 까맣게 모를 뿐이다."

부처와 조사는 꼭 한 사람에게만 법을 설한다.
오직 그대만을 위해.
그 한 사람 한 사람이 억조창생이 되는구나.

도둑질도 사람이 한다

선사가 상당하자 한 스님이 물었다.

"무엇이 부처입니까?"

선사는 "도둑질도 사람이 하는 것이다." 하고는 다시 말했다.

"만법은 마음의 빛이며 모든 인연은 다만 본성의 밝음이라. 미혹한 이, 깨달은 이가 본래 없음을 이 자리에서 알면 될 뿐이니, 산하대지에 무슨 허물이 있으랴. 산하대지와 눈앞에 있는 법 모두가 여러분의 발꿈치 아래 있으나 스스로가 믿지 않을 뿐이니, 가히 옛날의 석가가 이전 사람이 아니며 지금의 미륵이 뒷사람이 아니라 하겠다. 그러나 이런 나를 두고 '모자를 미리 사 놓고 머리를 맞춰 본다.'* 하리라."

도둑질도 사람이 하는 것이요, 부처 노릇도 사람이 하는 것이다. 그래서 사람이 중생이요, 사람이 부처다. 그대가 중생이라면 부처 노릇 하면 되고, 그대가 부처라면 중생 노릇 하면 된다. 이 마음이

---

* 모자를 미리 사 놓고 머리를 맞춰 본다는 말을 매모상두買帽相頭라고 한다.

도둑도 되고, 보살도 되고, 지옥도 되고, 천당도 된다. 본래 마음이 무슨 죄가 있겠는가. 그 마음 씀이 문제일 뿐이다. 석가와 미륵이 그대와 함께 춤추고 노래하고 있지 않는가. 다만 이렇게 좋은 법문도 모자에 머리를 맞추는 격이 될까 염려될 뿐이다.

―

중생이 도둑질하면 벌을 받지만
보살이 도둑질하면 상을 받는다.
중생은 물건을 훔치고
보살은 마음을 훔친다.

선분별과 수분별

눈이 공부하고, 귀가 공부하여 육근 전체가 한 덩어리가 되어 공부한다. 서산 대사는 눈으로 색을 보되 색에 집착하지 않으면 눈의 공부요, 귀로 소리를 듣되 소리에 집착하지 않으면 귀의 공부요, 뜻으로 생각을 하되 생각에 집착하지 않으면 뜻의 공부가 된다고 하였다. 육근이 육진을 대함에 집착함이 없는 공부를 마음공부라고 한다.

『능엄경』에서도 육근 전체를 섭수하는 「원통장」을 시설하고 있다. 눈으로 보되 색경계를 따라가지 않는 것을 안근섭수眼根攝受라고 하고, 귀로 듣되 소리경계에 따라가지 않는 것을 이근섭수耳根攝受라 하며, 뜻으로 생각하되 생각을 따라가지 않는 것을 의근섭수意根攝受라고 한다. 육근 모두가 경계를 따라가지 않는 도섭육근을 말하고 있다. 같은 맥락의 법문으로 하택 선사는 육진삼매를 거론하고 있다.

눈으로 색을 볼 때 색을 분명하게 잘 분별하되
분별을 따라 망념을 일으키지 않으면
색으로부터 자재하게 된다.

귀로 소리를 들을 때 소리를 분명하게 잘 분별하되
분별을 따라 망념을 일으키지 않으면
소리로부터 자재하게 된다.
…
뜻으로 생각할 때 생각을 분명하게 잘 분별하되
분별을 따라 망념을 일으키지 않으면
생각으로부터 자재하게 된다.

눈·귀·코·혀·몸·뜻의 인식주체가 객관대상을 분명하게 잘 분별하는 것이 본래의 지혜이며, 그 분별을 따라 망념을 일으키지 않음이 본래의 선정이다.
분명하게 잘 분별하는 것을 '선분별善分別'이라 하고, 분별을 따라가는 것을 '수분별隨分別'이라 한다. 선분별은 해탈이요, 수분별은 고통이다.
마음공부가 멀리 있지 않다. 일체처 일체시에 한 생각 일으킴에 경계를 잘 분별하면 본래 지혜의 발현이요, 그 분별 따라가지 않으면 본래 선정의 발현이다. 전체 삶 그대로가 정혜쌍수이다. 보되 보는 바 없이 보고, 듣되 듣는 바 없이 듣고, 생각하되 생각한 바 없이 생각하는 것이 바로 돈오해탈이요, 육진삼매요, 자재해탈이다.

아무리 말해도 말은 쉽지만 잘 안된다.
안될 때가 제일 잘되는 때인 줄 알면 된다.

고금에 변치 않는 도

맷돌을 돌리면 깎이는 것이 보이지는 않지만
어느 때인가 다하고,
나무를 심고 기르면 자라는 것이 눈에 띄지는 않아도
어느새 크게 자란다.
덕을 쌓고 거듭 실천하면 당장은 훌륭한 점을 모르나
언젠가는 드러나고,
의리를 버리면 그 악한 것을 당장은 모른다 해도
언젠가는 망한다.
사람들이 충분히 생각하고 이를 실천하면
큰 그릇을 이루어 명예로운 이름을 남길 것이다.
이것이 고금에 변치 않는 도이다.

영원유청 선사의 법문이다. 현대인들은 과정보다는 결과를 중히 여기는 경향이 있다. 무엇이든 빨리빨리 하려는 병에 걸린 환자들은 언제나 과정의 중요성 따위는 안중에도 없이 그저 목표에 도달하는 것만 중히 여긴다. 하지만 인생이란 기나긴 과정의 연속이다.

과정에 충실해야 그 결과도 원만하게 된다. 수행함에 있어서 여러 가지 병통이 있는데, 그 가운데 하나가 빨리 이루고자 하는 마음이다. 이를 속효심速效心이라고 한다.

 수행의 여정과 깨달음의 결과는 철저히 수인증과修因證果[*]로 나타난다. 인과를 초월하여 조사선에서는 수오일여修悟一如[**]를 말하기도 한다. 수행 자체가 그대로 깨달음이라는 의미이다. 수행자에게 수행이란 깨달음을 얻기 위한 원인으로서의 행위이지만, 또한 중생이 본래부처라는 측면에서 보면 수행은 본각의 무한한 작용으로 드러난 항사공덕인 것이다. 그래서 묵조선은 좌선 그대로가 부처를 드러내는 것이라고 한다.

화엄에서도 처음 마음 낸 그때가
바로 정각을 이룬 것이라고 말한다.

---

[*] 수행의 원인에 의해 깨달음의 결과가 나타남을 뜻한다.
[**] 수행과 깨달음이 하나임을 뜻한다.

삼생성불

4조 도신 선사가 주석한 황매산에는 평생 소나무를 심으며 도를 닦은 재송도인栽松道人이라는 분이 있었다. 늘그막에 도신 선사를 찾아가 출가 제자가 되기를 청했다. 도신이 말하기를, "너무 늦지 않았는가?"라고 했다. 출가하기에는 나이가 너무 많다는 말이다. 이 말을 들은 재송도인은 "그럼 갔다가 일찍 오겠습니다." 하고, 대웅전 앞에 소나무 한 그루를 심어 두고 마을로 내려왔다.

마을로 내려온 재송은 빨래터 우물가에서 주씨 집안 딸을 만났다. 재송이 물었다.

"내가 그대의 집에 하루 묵고자 하는데 허락하겠느냐?"

"저는 괜찮지만 부모님께 여쭈어 보아야 합니다."

"그대만 허락하면 되었다."

재송은 정자에 가서 육신의 옷을 벗어 버리고 주씨의 딸 배 속으로 들어가 버렸다. 본인의 의지와는 무관하게 배가 불러 온 주씨의 딸은 집에서 쫓겨나 유리걸식하며 아이를 낳으니, 아버지 없는 자식이라 성이 없는 무성無姓 동자가 탄생하게 되었다.

일곱 살이 된 아이는 오조산에 당도하여 대웅전에 들어가 불상을 향해 오줌을 싸 버렸다. 원주가 와서 부처님 계시는 곳에 오줌을 누었다고 나무라자, "부처님이 아니 계신 곳이 어디인지 알려 주면 그곳에 오줌을 누겠다."라고 하니, 원주가 놀라 도신 선사께 안내하였다.

"일찍 왔습니다."

"무엇으로 증명하겠는가?"

아이는 대웅전 앞 소나무를 가리키며 시를 읊었다.

쓸쓸히 백발로 푸른 산을 내려와
팔십 먹은 옛 얼굴 바꾸고 돌아왔네.
사람은 문득 소년이나, 소나무는 절로 컸으니
이로부터 인간 세상에 다시 왔음을 알았다네.

이 소년이 전생의 재송도인이자 현생의 5조 홍인이다. 도인의 생사자재는 그렇다 치더라도 그 어머니는 무슨 날벼락인가. 업력인지 원력인지 가늠할 수가 없다. 홍인은 살아서 고생한 어머니를 위해 천 년을 향화로 공양 받게 하겠다고 말했다. 과연 천 년이 지난 지금 오조사에 가 보면 홍인을 모신 조사전보다 오히려 그 어머니를 모신 성모전이 문전성시를 이루어 향화가 끊이지 않는 것을 볼 수 있는데, 어머니의 복력인지 아들의 법력인지 알 수가 없다.

홍인이 행화를 마치고 열반에 들기 전에 제자들을 모아 놓고 오백 년 뒤에 다시 오겠다고 유언하였다. 약속한 오백 년 후 그날에, 한 납승이 주장자를 짚고 오조사 홍인 선사 조탑에 참배하고 나서 조사전에 모셔 둔 홍인 조사의 육신상 앞에 나아가 이렇게 읊었다.

옛날 이렇게 온 몸으로 갔다가
오늘 다시 오지 않았는가.
무엇으로 증명하는가.
이것으로 증명하노라.

이렇게 거듭 삼생으로 출입자재하며 임제 문풍을 중흥시켰으니, 과연 삼생성불의 거룩한 인연은 종문에 소중한 법연이 되어 지금까지도 귀감이 되고 있다.

삼생을 돌아 짐짓 수증을 보이시고
많은 중생 화도하니
과연 육신 보살임에 틀림없다.

사자상승

진각혜심 선사가 스승 보조지눌을 만나러 광양 땅 백운산에 들어 상백운암으로 오르던 중 잠시 한숨을 돌리고 있었다. 멀리 스승께서 시자를 부르는 소리가 들려왔다. 그때의 심경을 혜심은 이렇게 읊고 있다.

시자 부르는 소리 솔숲 안개 속에 울려 퍼지고
차 달이는 향기 돌길 바람 타고 전해 오네.
이제 막 백운산 기슭에 들어섰을 뿐인데
이미 암자에 계신 노스승을 참알했네.※

스승을 친견한 혜심은 이 시를 바치는데, 스승은 손에 들고 있던 부채를 제자의 손에 쥐어 준다. 이것은 단순한 물건의 부채가 아니라, 이심전심으로 전해 주는 사법의 징표이다. 정법안장을 수수하는 장면을 이렇게 표현하고 있다.

● 呼兒響落松蘿霧 煮茗香傳石徑風 纔入白雲山下路 已參菴內老師翁.

예전에는 스승의 손에 있더니
지금은 제자의 손에 있네.
만약 뜨거운 망상 거칠게 일면
마음대로 맑은 바람 일으키리.•

지극히 아름다운 장면이다. 물이 아래로 흘러 이어지듯 깨달음의 등불 또한 스승에서 제자로 전해져 혜명이 밝아진다. 스승에게 인가의 부채를 전해 받아서 짐짓 중생의 번뇌 망념 문득 일어나면 맑은 바람 불러일으켜 쉬고 쉬게 할 것이다. 결사의 가풍은 이렇게 전승되고 있었다.

스승 지눌은 머지않은 임종을 앞두고 믿음직한 제자에게 이렇게 부촉한다.

"내가 이미 너를 얻었으니, 죽어도 여한이 없다. 너는 마땅히 불법을 맡아서 그 본원을 바꾸는 일이 없도록 하라."

스승의 입적 이후 혜심은 수선사의 2대 종주가 되어 정혜결사를 계승하여 교화의 종풍을 드날린다. 특히 『선문염송』을 엮어 간화의 종지를 더욱 높이는 데 진력하였다. 다음은 혜심 선사의 임종게이다.

온갖 고통 이르지 못하는 곳에
따로 한 세계가 있으니

• 昔在師翁手裏 今在弟子掌中 若遇熱忙狂走 不妨打起清風.

거듭 거기가 어디냐고 묻는다면
크게 고요한 열반의 문이라 하리라.*

―
꽃 열매 너무 많이 달린 나무는
가지가 부러진다.

* 衆苦不到處 別有一乾坤 且問是何處 大寂涅槃門.

무정이 설법한다

남북조 시대의 도생 법사는 "푸른 대나무는 모두 진여이고, 울창한 국화는 반야 아님이 없다."*라고 말해서 무정설법의 원조가 되었다. 뒷날 남양혜충과 하택신회 그리고 대주혜해 등 많은 선사가 무정설법에 대해 선설하고 있다.

혜충 국사에게 어느 선객이 물었다.

"고덕이 말씀하시기를, '푸른 대나무는 모두 진여이고, 울창한 국화는 반야 아님이 없다.'고 했습니다. 어떤 사람은 긍정하지 않고 삿된 말이라 하고, 또 어떤 사람은 확신하며 불가사의하다고 말합니다. 어떠한지 모르겠습니다."

국사가 말했다.

"이는 어쩌면 보현이나 문수와 같은 대인의 경계이며, 모든 범부나 소인이 믿고 받을 수 있는 경계는 아니다. 이 모두는 대승 요의경의 뜻과 부합한다. 그러므로 『화엄경』에 설하기를, '불신이 법계

* 青青翠竹盡是眞如 鬱鬱黃化無非般若.

에 충만하여 두루 일체중생 앞에 나타나도다. 인연 따라 감응하여 두루 이르지 않음이 없지만, 항상 여기 보리좌에 편히 앉으셨다.'고 하였다. 대나무는 이미 법계를 벗어나지 않았으니 어찌 법신이 아니겠는가? 또 『대반야경』에 설하기를, '색이 가없는 까닭에 반야도 다함이 없느니라.'고 하였다. 국화도 이미 색상을 벗어나지 않았으니 어찌 반야가 아니겠는가. 이는 심원한 말씀이다. 깨닫지 못하는 이는 염두에 두기가 어렵도다."

하택신회 선사에게 원 선사가 물었다.
"불성이 일체 처소에 두루 미칩니까?"
신회가 답했다.
"불성은 일체 유정에 두루 미치고, 일체 무정에는 두루 미치지 않습니다."
"선배 대덕들이 모두 말하기를, '푸른 대나무는 모두 진여이고, 울창한 국화는 반야가 아님이 없다.'고 하는데, 지금 선사는 어떤 까닭으로 '불성은 단지 일체 유정에만 두루 미치고, 일체 무정에는 두루 미치지 않는다.'고 하십니까?"
이에 신회가 말했다.
"어찌 푸른 대나무가 공덕법신과 동일하며, 어찌 울창한 국화가 반야의 지덕智德과 동등할 수 있겠습니까. 만일 대나무와 국화가 법신 반야와 동일한 것이라면 이는 곧 외도의 설입니다. 여래가 어느 경에서 대나무와 국화가 정각을 이룬다는 수기를 받았다고 설했습니까. 그러한 까닭에 『열반경』에 설하기를, '불성이 없다는 것은 이른바 무정물이다.'고 한 것입니다."

대주혜해 선사에게 좌주가 물었다.
"선사는 무슨 연고로 '푸른 대나무는 모두 법신이고, 울창한 국화는 반야 아님이 없다.'는 구절을 긍정하지 않습니까?"
"법신은 무상無相이니 대나무에 응함으로써 모양을 이루는 것이고, 반야는 무지無知하니 국화에 응하여 모양을 드러낸 것이므로, 저 국화와 대나무는 반야나 법신이 있는 것이 아니다. 이 때문에 경에 이르기를, '부처의 참법신이 마치 허공과 같아서, 사물에 응하여 모양을 나타냄이 물속의 달과 같다.'고 한 것이다. 국화가 만약 반야라면 반야가 곧 무정과 같고, 대나무가 만약 법신이라면 대나무 또한 작용에 응할 수 있다."

무정설법에 대해 도생 법사와 혜충 국사는 긍정하고, 신회 선사와 대주 선사는 부정하고 있다. 부정과 긍정이 하나인가 둘인가? 법은 하나인데 그 응대하는 근기에 따라 긍정하고 부정하고 있을 따름이다. 일불승의 본분자리에서는 긍정하고 이승을 위한 방편에서는 부정하고 있는 것이다. 그러므로 혜충 국사는 무정설법이 문수 보현의 대인경계인 것이지 범부 소인을 위함이 아니라고 말하고 있는 것이다.

대주 화상 또한 이렇게 자세히 말해 주고 있다.
"만일 견성한 사람이라면 이것이라 말해도 옳고, 이것이 아니라고 말해도 또한 옳다. 작용에 따라 말하므로 시비에 걸리지 않는다. 만일 견성하지 못한 사람이 대나무를 말하면 대나무에 집착하고, 국화를 말하면 국화에 집착하며, 법신을 말하면 법신에 집착하고, 반야를 말하면 반야를 알지 못한다. 그래서 모두 논쟁을 이룰 수 있다."

동산 선사는 "무정설법은 불가사의해서 귀로 들으면 끝내 알기 어렵고, 눈으로 들어야만 비로소 알 수 있다."라고 하였다.*

귀로 보고 눈으로 들어야
무정설법이니
물고기가 달을 듣고
새들이 바람을 보네.

* 也大奇也大奇 無情說法不思議 若將耳聽終難會 眼處聞聲方得知.

그림자를
따라가지 마라.

마음이 일어나지 않는 곳

규봉종밀 선사가 말했다.

"다만 가히 공적으로써 본체를 삼고 색신을 오인하지 말며, 영지로써 자신의 마음을 삼고 망념을 오인하지 말라. 만약 망념이 일어나더라도 절대로 따라가지 아니하면 목숨을 마칠 때에 저절로 업에 매이지 아니하고 천상이나 인간에 마음대로 가게 되리라. 이것이 이치를 깨달은 사람이 조석으로 수행하는 요긴한 절목이니라."

마음이 인연 따라 일어났으므로 그 실체가 없어 공하므로 공적空寂이라 말하고, 공 역시 텅 빈 단멸공斷滅空이 아니기에 무한한 지혜의 작용이 있음을 영지靈知라고 한 것이다. 영지도 공하여 자취가 없고, 공적 또한 공하여 실체가 없어 공하면서 있음이요, 있으면서 공하니 즉공즉가卽空卽假 라고 한다. 따라서 공적의 영지요, 영지의 공적이다. 색신의 몸과 망념의 마음은 내가 아니다. 공적영지가 나의

- 공한 가운데 인연으로 된 모습이 가짜로 있기에 가(假: 有, 色)이며, 실체가 없이 인연으로 된 허상이기에 또한 공이다. 따라서 공空 그대로 가假이며, 가 그대로 공인 것이다. 이것을 즉공즉가卽空卽假, 혹은 즉색즉공卽色卽空이라 일컫는다.

본래 모습이다.

  본적 선사가 일러 주고 있다.

마음길 가지 말고
본래의 옷 걸치지 말라.
어찌 꼭 이것만이랴.
정녕 나지 않았을 때를 조심하라.＊

  생각 따라 끊임없이 이어지는 마음길을 따라가면 끝없이 윤회한다. 한 생각 일어나고 사라지는 생멸의 길을 가지 말고, 생멸의 길이 끊어진 그곳에 나아가야 적멸의 열반이다.

  본래의 옷은 업식의 옷이다. 업식은 공이다. 본래 공한 업식의 옷이 어디에 있기에 그 옷을 걸치겠는가. 이 몸과 마음에 집착하면 허깨비 놀음에 속아 사는 것이다. 한 생각 일으키면 죄업이 수미산이니, 한 생각 일어나지 않았을 때를 참구하라. 생각 이전이 화두이다. 마음이 일어나지 않는 곳, 심불기처心不起處가 돌아가야 할 곳이다.

  한 생각 일어나지 않음이 공적이요, 한 생각 일으켜 경계를 대하되 어둡지 않음이 영지이다. 공적하되 영지한 곳, 영지하되 공적한 곳, 그곳이 바로 일어나되 일어남이 없는 심불기처이다. 그래서 "나지 않았을 때를 조심하라."라고 하는 것이다.

＊ 莫行心處路 不挂本來衣 何須正恁麼 切忌未生時.

생각을 따라가면 생사의 길이요,
생각을 돌이켜 비추면 수행의 길이며
생각에 자재하면 부처의 길이다.

천 개의 눈

운암담성 선사가 천황도오 선사에게 물었다.
"대비 관음보살은 천 개의 손과 눈을 사용하여 무엇을 합니까?"
"사람이 한밤중에 등 뒤로 베개를 더듬는 것과 같다."
"알았습니다."
"어떻게 알았는가?"
"온몸이 손이요, 눈입니다."
"큰소리는 쳤다만 열에 여덟을 말했을 뿐이다."
"사형께서는 어떠십니까?"
"온몸이 손이요, 눈이다."

임제 선사가 왕상시의 청으로 법좌에 올랐다. 그때 마침 마곡 선사가 물었다.
"관음보살의 천수 천안 가운데 어느 것이 정안*입니까?"
임제 선사가 대답했다.

* 정안正眼을 묻는 것은 '어느 것이 진짜 눈인가?' 하고 묻는 것이다.

"관음보살의 천수 천안 가운데 어느 것이 정안입니까?"

그러자 마곡이 임제를 법좌에서 끌어내리고 대신 법좌에 올라앉았다. 임제가 마곡 앞으로 가서 "안녕하십니까?"라고 하니, 마곡이 어리둥절해 하는 사이에 임제 또한 마곡을 법좌에서 끌어내리고 그 자리에 앉았다. 마곡은 곧바로 밖으로 나가버렸다. 그러자 임제도 법좌에서 내려왔다.

지금 묻고 있는 그것이 정안이다. 그래서 서로 똑같은 말을 주고받았다. 일대일이다. 온몸이 그대로 눈이라, 법좌에 올라감도 눈이요, 내려옴도 눈이다.

『벽암록』에 다음과 같이 수시하였다.

"온몸이 그대로 다 눈이 되어 버리면 새삼 볼 것이 없고, 온몸이 그대로 다 귀가 된다면 들을 것이 없으며, 온몸이 그대로 다 입이 된다면 말할 것이 없고, 온몸이 그대로 다 마음이 되어 생각한다면 생각할 것이 없게 된다. 온몸이 눈, 귀, 입, 마음이 된다는 것은 우선 그런대로 괜찮지만, 만약 눈이 없다면 어떻게 볼 것이고, 귀가 없다면 어떻게 들을 것이며, 입이 없다면 어떻게 말할 것이며, 마음이 없다면 어떻게 생각하겠는가? 만약 이 질문에 대해 그럴듯한 해답을 내비치기라도 한다면 이 사람은 역대 조사들과 자리를 같이할 수 있다고 할 것이다. 역대의 조사들과 한자리에 앉을 수 있다는 것은 그렇다 치고, 과연 그런 경지에 이르려면 대체 어떤 분을 찾아가야 하는가를 말해 보아라."

온몸이 그대로 공적의 본체이나 또한 육근문을 통해 작용하니 공적의 영지요, 영지의 공적이다. 따로 선지식을 찾아갈 것도 없다. 그대 안에 선지식이 계시지 않는가. 지금 견문각지하고 있는 주인공 말이다.

선지식이 멀리 있는 것이 아니다.
내 안의 선지식을 찾아가라.

깨달음과 실천행

고덕이 말하기를, "다만 그대의 바른 안목을 귀하게 여길 뿐, 그대의 행실은 귀하게 여기지 않는다."라고 하였다.

청허휴정 선사가 『선가귀감』에서 한 말이다. 여기서 말한 고덕은 다름 아닌 위산영우 선사이다. 이 말은 자칫 오해를 불러일으킬 수 있는 말이기도 하다. 눈 밝은 수행자는 안목만을 소중하게 여길 뿐 그 행실은 귀하게 여기지 않는다는 뜻이기 때문이다. 이 말은 위산과 그의 제자인 앙산 간의 대화에서 비롯되었다.

위산 선사께서 앙산혜적에게 물었다.
"『열반경』 40권에서 어느 정도가 부처님 말씀이며, 어느 정도가 마군의 말인가?"
"전체가 마군의 말입니다."
"앞으로 그대를 어찌해 볼 사람이 없을 것이다."
앙산이 물었다.
"혜적의 지난 한때의 행실은 어찌 됩니까?"

"그대의 바른 안목이 중요할 뿐, 그때 그 처신(행실)은 말하지 않겠다."

깨달은 본지풍광의 자리에서 보면 부처의 팔만 사천 법문도 군더더기에 불과하다. 그래서 마군의 말이라고 대답한 것이다. 그리하여 위산이 제자 앙산의 안목을 인가하고 있다. 이때에 앙산이 당나라 무종의 폐불로 승가 전체가 강제 환속 당해 잠시 동안 속인의 처신으로 법난을 모면한 것에 대해 마음에 걸리는 바가 있어서 그 사건에 대해 스승에게 묻고 있다. 이에 스승이 제자에게 그대의 안목만 바르면 되지 지나간 행실은 문제 삼지 않겠다고 위로의 차원에서 한 말이다.

이른바 "그대의 안목만 귀하게 여길 뿐, 행실은 귀하게 여기지 않겠다."라는 말은 그 앞의 말, 즉 환속의 행리에 대한 말이 전제되었을 때만이 제대로 뜻이 드러나게 되는 것이다. 만약 그 전제가 생략되고 뒤의 구절만 이해하여, 안목을 밝히는 것(깨달음)은 중요하게 여기고 실천행을 소홀히 한다면, 이는 크게 잘못된 일이다.

양현지가 달마 대사에게 물었다.
"천축에서는 스승의 법을 전해 받으면 조사라고 한다는데, 그 도가 어떤 것입니까?"
대사가 대답했다.
"불심의 종지를 밝혀서 깨달음과 실천행이 상응하는 것을 조사라고 한다."

조사가 되기 위해서는 먼저 불심의 종지를 밝혀 명안종사가 되어야 한다. 다음으로 해행이 상응해야 한다. 깨달음과 실천이 일치되어야 한다는 말이다. 견성오도를 통해 해행상응解行相應의 삶을 살아가는 것이 목구멍이다. 달마는 문수의 지혜와 보현의 행원이 일치되는 자가 곧 조사라고 말하고 있다.

하택신회 선사 또한 "깨달음과 실천행이 상응해야 비로소 부처님과 조사가 전한 정법안장을 건립할 수 있다."라고 하였다. 불심종을 밝히지도 못하고 수행과 인격, 아는 것과 실행이 일치되지 못한 암증선사*가 어찌 조사의 지위를 탐할 수 있겠는가.

안목이 밝으면 행실도 바르다.
진정한 수행자는
안목과 행실이 일치하는 사람이다.

* 암중선사暗證禪師란, 도를 깨닫지 못해 이사理事에 어두운 선사를 말한다.

듣는 성품을 들어라

어떤 학인이 현사사비 선사에게 물었다.

"제가 이제 막 총림에 들어왔으니, 스승께서는 들어가는 길을 가리켜 주십시오."

대사가 말했다.

"개울의 물소리를 듣고 있는가?"

"듣고 있습니다."

대사가 말했다.

"이것이 그대가 들어갈 곳이다."

『능엄경』에 '반문문성反聞聞性'이라는 말이 있다. 듣는 성품을 돌이켜 들으라는 말이다. 예로부터 소리의 성품을 돌이켜 보는 수행을 '능엄선'이라고 한다.

"아난아, 소리가 사라지고 메아리가 없어진 것을 너는 들음이 없다고 말하는데, 만약 참으로 들음이 없다면 듣는 성품이 이미 없어져서 마른 나무와 같으니 종을 다시 친들 네가 어떻게 들을 수 있겠느냐. 있음을 알고 없음을 아는 것도 들리는 대상인 소리가 있었다,

없었다 하는 것이다. 어찌 그 듣는 성품이 네게서 있었다, 없었다 하겠느냐. 듣는 것이 참으로 없다고 한다면 무엇이 없다는 것을 알겠느냐."

우리가 무슨 소리를 들을 때 그 소리는 마음의 소리이며, 마음 또한 소리의 마음이다. 그러므로 듣는 마음에도 실다운 성품이 없고, 들리는 소리에도 실다운 성품이 없다. 그러나 마음과 소리를 떠나서 들음이 있는 것도 아니다. 개울 물소리를 듣되 듣는 바 없이 듣는 것이 듣는 성품을 돌이켜 들음이다.

보조 선사가 『수심결』에서 말했다.
"그대는 저 까마귀 우는 소리와 까치의 지저귀는 소리를 듣는가?"
"예. 듣습니다."
"그대는 듣는 성품을 돌이켜 보아라. 거기에 무슨 소리가 들리는가?"
"거기에 이르러서는 일체의 소리와 일체의 분별이 없습니다."
"기특하고 기특하다. 이것이 바로 관세음보살이 진리에 들어간 문이니라."

소리를 들을 때 소리를 따라가지 않고 소리를 돌이켜 그 소리를 듣는 성품을 반조하여 들으면 그 어디에도 실다움이 없음을 알게 된다. 그것이 바로 소리로부터 깨달음에 들어가는 반문문성의 도리이다.

귀로 소리를 들음에 있어
소리를 따라가지 말고
듣는 성품이 공함을 들어야
이근원통의 법문에 들어갈 수 있다.

동산삼로

동산양개 화상이 스승 운암 선사가 입적하기 직전에 물었다.
"스승님께서 입적하신 뒤에 누군가 '화상의 초상을 그릴 수 있는가?'라고 묻는다면 무어라고 대답할까요?"
"다만 그에게 '이것이 바로 그것'이라고 일러 주면 된다."
'이것'이 무엇인가? 3년이 지나고 사형과 함께 스승의 재를 지내려고 위산으로 가는 도중에 큰 개울을 지나게 되었다. 선사는 물속에 비친 자신의 모습을 보고 '이것'이 무엇인지 크게 깨달았다.

절대로 밖을 향해 찾지 말라. 찾을수록 더욱 멀어질 뿐이다.
나 이제 홀로 가지만 곳곳에서 그를 만나리라.
그가 바로 지금 나이지만, 나는 지금 그가 아니네.
마땅히 이렇게 알아야 비로소 진여에 계합하리.◦

◦ 切忌從他覓 迢迢與我殊 我今獨自往 處處得逢渠 渠今正是我 我今不是渠 應須憑麼會 方得契如如.

삼라만상 두두물물 모두가 나의 그림자이다. 그림자를 향해 찾지 마라. 안으로 본래면목을 깨치고 보면 만나지 않는 곳이 없다. 그것은 나의 작용이지만, 작용이 그대로 나의 본체는 아니라네. 본체가 작용으로 드러나고, 작용 또한 공하여 본체로 돌아가니 체용일여의 진여에 계합함이 깨달음이라네.

선사는 평소 동산삼로洞山三路를 제시하여 수행과 교화를 독려하였다.

첫째는 조도鳥道이니, 새가 공중을 날아갈 때 일체의 자취를 남기지 않고 날아가듯이, 수행자는 일이나 경계에 얽매이거나 집착하지 말라는 것이다.

둘째는 현로玄路이니, 유무·시비·미추·상하 등 일체 차별적 견해나 이원적 분별에 떨어지지 말고, 항상 적정 삼매를 유지할 것을 말한다.

셋째는 전수展手이니, 조도와 현로의 수행법으로 인해 향상일로의 경지에 이르렀다면, 이에 머물지 말고 한 걸음 더 나아가 더욱 요익중생에 힘쓸 것을 말한다.

그림자를 따라가지 마라.
마음자리 지키며 자기로 살아라.
세상에 하나밖에 없는 온전한 자기로.
본래면목이 진정한 초상화이다.

소가 창살을 빠져나가다

오조법연 선사가 우과창령*에 대해 설법했다.

"비유컨대 물소가 창살을 빠져나갈 때 머리와 뿔, 네 발 모두 빠져나갔는데, 어째서 꼬리는 빠져나가지 못했는가?"

무문 선사가 평창하기를, "만약 이에 대해 뒤집어 외짝 눈**을 얻어 깨우치게 하는 한마디를 할 수 있다면, 위로 네 가지 은혜를 갚고 아래로는 삼계를 벗어나리라. 그렇지 않다면 다시 마땅히 꼬리를 뒤돌아 꼬리를 비추어 보아야 비로소 얻을 것이다." 하였다.

거듭 게송으로 말했다.

빠져나갔다 하면 구덩이에 빠질 것이요,
되돌아왔다 해도 도리어 무너질 것이다.
이 꼬리란 놈이여,
참으로 심히 기괴하구나.***

* 우과창령牛過窓櫺이란, 소가 창살을 빠져나간다는 뜻이다.
** 일척안一隻眼. 외짝 눈이란 진리를 획득한 바른 눈을 말하는데, 정수리에 있는 하나의 눈이다.
*** 過去墮坑塹 回來却被壞 者些尾巴子 直是甚奇怪.

온몸이 외짝 눈인데 어디다 똥을 누겠소. 삽 한 자루면 되지 않겠소. 머리와 발, 꼬리를 분별하지 마소. 온몸이 머리요 온몸이 꼬리인데, 나가고 물러나고가 어디 있겠는가? 그러니 꼬리 자를 일은 본래 없다. 번뇌 망상 본래 공인 줄 알면 번뇌 망상 없애지 않고 그대로 보리이다. 그러하니 번뇌 망념 없애도 칠푼이요, 그대로 두어도 팔푼이란다. 그놈 참 기괴하여 둘 수도 없앨 수도 없구나.

출가하여 도를 닦는다고는 하지만 아직 탐착이라는 꼬리는 자르지 못했으니, 출가의 출가자가 되지 못했다. 마찬가지로 부처님 법을 만나 귀의하기는 하였으나 아직 업식이라는 꼬리를 길게 드리우고 있으니, 재가의 출가자가 되지 못했다. 이 몸을 금생에 제도하지 못하면 다시 어느 생을 기약하겠는가?

나가면 구덩이요, 물러나면 무너진다. 어찌하겠는가. 보살은 여의지도 않고 머물지도 않는다. 만법을 세우되 세운 바가 없고, 파하되 파한 바도 없으니, 세우고 파함에 자재하여 있는 그 자리가 안심처이다. 안심입명!

꼬리 없는 소가 되어
출입 자재함이
벗어남일세.

주인 있는 사미

조주 선사는 남전보원의 문인이다. 조주 스님이 동진 출가하여 후에 스승 남전을 처음 방문했을 때, 남전은 방장실에 누워 있다가 젊은 방문객을 향해 물었다.

"어디서 왔느냐?"

"서상원瑞像院에서 왔습니다."

"그래, 상서로운 모습은 보았느냐?"

"상서로운 모습은커녕 졸고 있는 여래를 보고 있을 뿐입니다."

조주 스님의 이 깜찍한 대답에 남전 선사는 벌떡 일어나 다시 물었다.

"너는 주인 있는 사미냐, 주인 없는 사미냐?"

"주인 있는 사미입니다."

"누가 너의 주인이냐?"

이에 조주 스님은 대답하지 않고 예배하고 나서 말하였다.

"겨울이 깊고 아직도 날씨가 차가우니 스님께서는 존체를 보중하십시오."

이렇게 해서 조주 스님은 남전의 제자가 된다.

어느 날 조주 스님이 스승에게 물었다.

"도란 무엇입니까?"

"평상심이 도이다."

"도에 들어가는 데는 무슨 방법이 있습니까?"

"무엇이든 헤아려 들면 이미 어긋난다."

"의식적인 접근이 아니면 어떻게 이 도를 알겠습니까?"

"도라고 하는 것은 알고 모름에 있지 않다. 안다는 것은 헛된 지각에 지나지 않으며, 모름이란 단순히 지각이 없는 것일 뿐이다. 만일 그대가 진실로 의심할 나위 없는 도를 깨닫는다면 그대의 지견은 허공과 같아 일체에 걸림이 없을 것이니 어찌 억지로 옳고 그름을 따지겠느냐?"

이 말에 조주 스님은 깨달음에 이르러 심월이 훤히 밝아졌다. 조주는 오래도록 스승을 곁에서 시봉하다 스승이 원적에 들고 난 후 육십이 되어서야 운수행각에 오르는데, 근 이십 년을 제방의 선지식을 탐방하여 거량하고 보림한다. 행각을 떠나면서 스스로에게 말했다.

"일곱 살 먹은 어린아이라도 나보다 나은 이가 있다면 내가 그에게 배울 것이요, 백 살 먹은 노인이라도 나보다 못한 이는 내가 그를 가르치리라."

조주의 이와 같은 적극적인 교육관이 면면부절 전해져 왔다면 오늘의 선문은 달라졌을 것이다. 선사는 팔십에 이르러서야 고향 근방 조주 관음원에 정착하게 된다. 당시 대부분 선사들이 장강 남녘에서 선풍을 진작시키고 있던 반면, 조주 스님은 북방인 하북 땅에서 산이나 물의 배경 없이 오로지 높은 덕행과 수행력으로 맨땅에서 총림을 일궈 교화를 폈다. 조주의 공안뿐만이 아닌 조주의 행화 정신이 선문에 주류로 전승되지 못함이 못내 아쉬울 따름이다.

알고 모름을 뛰어넘는 것이 도다.
안다고 우쭐거리지 말고
모른다고 주눅 들지 말라.

탄생왕자

어떤 스님이 서암사언 선사에게 물었다.
"탄생왕자란 무엇입니까?"
선사가 대답했다.
"깊은 궁궐에 있어서 불러도 나오지 않는다."

석상경제가 조동오위설을 기초로 하여 왕자오위王子五位*를 제창하였다. 여기서 왕자란 불종성(佛種性: 부처의 씨앗)을 의미하는 말이다. 왕자가 장차 왕위에 오를 수 있듯이 불종성에 의해 부처를 이룰 수 있기 때문에 그 출생과 근기에 따라 다섯으로 나누어 명명한 것이다.

오위 가운데 첫 번째가 탄생왕자인데, 이것은 마음을 부처·성품·이치에 비유하여 본래 스스로 원만하게 이루어져 있음을 뜻한다. 탄생왕자는 탄생으로부터 바로 왕의 재목이 되어 지존의 지위에 나

---

* ① 탄생왕자誕生王子는 왕후에게서 태어난 적자 왕세자를 나타낸다. ② 조생왕자朝生王子는 서출이나 첩실의 출생을 이르는 말이다. ③ 말생왕자末生王子는 신하의 출생으로서 노력해서 고위직으로 나아가는 것을 말한다. ④ 화생왕자化生王子는 지방에 나아가서 왕의 교화를 봉행하는 지위이다. ⑤ 내생왕자內生王子는 궁궐 안에서 출생하였지만 적출이 아닌 경우를 말한다.

아가는 것을 비유하고 있다. 즉 탄생왕자는 출생 그 자체가 왕위를 담보하고 있기 때문에 천연적으로 갖추어진 왕재라고 할 수 있다. 따라서 탄생왕자란 본래부처를 의미한다.

 대승경전의 내용으로 말하면 중생은 본래성불이다. 본래성불이기에 본래부처(본래면목), 즉 천연불성을 갖추고 있다는 말이다. 탄생왕자에 대해 물은 것은 결국 본래부처에 대해 묻고 있는 것이다. 탄생왕자는 구중궁궐 안에서 잘 호위받고 있기에 웬만한 바깥 세력의 간섭을 받지 않는다. 본래부처 또한 어떠한 무명과 번뇌에 미혹되지 않는다. 생사의 유전과 상관없이 깨달음의 빛을 매순간 발하고 있을 뿐이다. 그래서 "깊은 궁궐에 있어서 불러도 나오지 않는다."라고 대답한 것이다.

 억천 겁을 돌고 돌아 윤회전생輪廻轉生하여도 중생은 본래부처이다. 본래부처이기 때문에 본래면목은 손상 없이 부증불감 그대로이다. 어떤 경계에서도 본래면목은 안녕하니 태평시절이다. 이 안녕한 본래면목을 두고 자꾸만 외래면목을 기웃거리며 고통을 당하고 있으니 어이할꼬, 어이할꼬. 본래부처로 사는 것이 탄생왕자의 특권이다.

―

깨닫는다는 것은 본래부처를 깨닫는 것이지
밖의 다른 부처를 깨닫는 것이 아니다.
자기부처 자기가 깨치는 것이
정녕 그리 어렵단 말인가.

천하를 훔치다

일찍이 아버지를 여의고 홀어머니 품에서 자란 황벽 선사는 어린 시절 도벽이 심하여 이웃집 가축을 훔치고, 농기구를 훔치는 버릇이 있었다. 그 일을 보고 어머니가 그를 불러 이렇게 꾸짖었다.

"작은 것을 훔치는 것은 양심을 좀먹는 것이요, 큰 것을 훔치는 것은 백성을 도탄에 빠뜨릴 수도 있고, 잘 살게 할 수도 있다. 천하를 훔치는 것은 모두를 버려야 가능하다. 천하를 훔치면 많은 중생을 윤회에서 건진다. 너는 어떤 것을 훔치겠느냐?"

황벽 선사가 대답하길, "저는 천하를 훔치겠습니다." 하였다.

어머니는 아들을 당장 출가수행의 길로 나아가도록 독려하였다. 출가를 결심한 자식을 위해 다음 세 가지 버리는 법을 일러 주고 물었다.

"첫째, 물건을 버리고, 둘째, 육친을 버리고, 셋째, 탐욕을 버려야 한다. 이 가운데 너는 무엇을 버리겠느냐?"

"저는 탐욕을 버리겠습니다."

그리하여 탐욕을 버리고, 천하를 훔쳐 중생을 구제하기 위해 출가한 황벽은 백장 문하의 상속이 되어 훗날 임제를 탄생시켜 천하 선종을 임제 종풍으로 빛나게 하였다.

황벽 선사의 게송이다.

번뇌를 벗어나는 것이 예삿일이 아니다.
고삐를 단단히 잡고 한바탕 일을 치르라.
한 번 추위가 뼈에 사무치지 않았다면
어찌 코를 찌르는 매화 향기 얻으리오.*

생사대사生死大事가 가장 큰 일이다. 화두를 잡고 한 번 죽지 않고서 어떻게 칠통을 타파하겠는가? 불꽃 속에서 문득 연꽃을 피우는 기량이라야 고향으로 돌아가 태평가를 부를 수 있을 것이다. 대웅봉에 독좌한 스승(백장)을 물어 버린 대호의 기상으로 행화를 펼치시니 과연 천하를 훔친 큰 도적임에 틀림없다.

거위가 눈에 덮인 것은 가엾지 않고
겨울을 난 사람이 얼음이 된 것을 기뻐하노라.

* 塵勞逈脫事非常 緊把繩頭做一場 不是一番寒徹骨 爭得梅花撲鼻香.

수행의 다섯 가지 조건

첫째, 먹을 것과 입을 것을 갖추어야 한다.
둘째, 계를 지킴이 청정해야 한다.
셋째, 고요한 곳에 한가히 머물러라.
넷째, 모든 반연하는 일을 쉬어라.
다섯째, 선지식을 가까이하라.

천태지자 선사의 가르침이다. 선수행을 하기 위해서는 먼저 의식주가 안정되어야 한다. 요즘 시대에 입을 옷과 먹을 음식을 걱정하는 사람은 예전만큼 많지 않다. 다음으로 지계가 청정해야 한다. 계의 그릇이 깨끗해야 선정의 물이 맑을 수 있기 때문이다.

초심자라면 되도록 주위 환경이 고요한 곳에 거처함이 용이하다. 그런 연후에 모든 번거로운 인연들을 멈추어야 한다. 반연하는 바가 복잡하면 마음이 안정되지 않는다. 늘 선지식을 가까이하여 지도를 받는 것은 공부의 진척에 결정적일 수 있다. 스승을 친근하여 법을 묻고 장애를 없애는 것은 매우 요긴한 일이다.

이 다섯 가지는 공부를 지어 감에 기본 요건이 되니 명심하여 갖추어야 한다. 비록 한두 가지 부족함이 있더라도 공부의 끈을 놓지 않음이 중요하다. 부디 공부인이 되어 생사의 어두운 길을 밝히는 본분행자가 될지언정, 오욕의 노예가 되어 인생을 허비하지 말라. 인생을 낭비한 죄가 가장 크다고 하지 않았던가.

배고프게도 하지 말고, 배부르게도 하지 말라.
적게 자지도 말고, 많이 자지도 말라.
몸을 너무 풀어 놓지도, 다그쳐 긴장하지도 말라.
숨을 아주 급하게도, 아주 느리게도 쉬지 말라.
마음을 산란하게도, 혼침에 빠지게도 하지 말라.

이것은 천태선의 가르침이다. 좌선수행을 닦으려고 하는 초심자는 먼저 다섯 가지를 조화롭게 해야 한다. 식사의 조화, 수면의 조화, 몸의 조화, 숨의 조화, 마음의 조화가 바로 그것이다. 이 다섯 가지의 조화가 이루어져야 제대로 된 좌선에 입문할 수 있게 된다.

몸과 마음과 호흡
그리고 먹고 자는 일이 삶의 기본이다.
기본을 조화롭게 하는 것이
선수행의 출발이다.

죽비를 들고

　수산성념 선사가 죽비를 들고 대중에게 말했다.
　"이것을 죽비라고 부르면 죽비라는 모습에 걸리는 것이요, 죽비라고 부르지 않으면 죽비가 아니라는 모습에 걸리게 된다. 무어라고 불러야 되겠는가?"
　무문 선사가 덧붙였다.
　"죽비라고 부르면 집착이고, 죽비라 부르지 않으면 등지게 된다고 하니, 말이 있어도 안 되고 말이 없어도 안 된다. 속히 일러 보라."

　생각 속에서 이리 굴리고 저리 굴려도 오리무중이다. 생각의 길이 끊어지고 말길마저 끊어져야 둥근 해가 밝게 빛나게 된다. 그래서 참구가 지름길이 되고 화두가 열쇠가 되는 것이다. 생각의 향연과 말의 성찬으로는 미륵이 하생하더라도 요원한 일이다.
　그렇더라도 굳이 잠시 경을 빌려 와 앵무새 흉내를 내어 보면, '죽비라는 것은 곧 죽비가 아니요, 그 이름이 죽비니라.'• 공중에 기러기 날아감에 연못에 그림자 비친다. 기러기 연못에 그림자 남길 생각 전혀 없고, 연못 또한 그림자 붙잡을 생각 전혀 없다. 꽃은 스스로 꽃이라고 말하지 않았고, 스스로 아름답다고 생각한 적이 없다. 사람이 공연히 꽃이라 부르고, 아름답다며 꺾으려고 하지 않는가.

죽비를 삼천 리 밖으로 내던지고 난 뒤에야
선정에서 나오겠는가?

• 竹篦者 卽非竹篦 是名竹篦.

참된 출가란

『유마경』에 설하기를, "위없는 바른 깨달음의 마음이 곧 출가다."라고 하였다. 운서주굉 선사는 출가에는 사요간四要揀이 있다고 하였으니, 첫째, 출가의 출가요, 둘째, 재가의 출가요, 셋째, 출가의 재가요, 넷째, 재가의 재가이다.

출가의 출가란, 오욕의 집착을 벗어나고 출가하여 생사를 해탈하고 중생을 제도하는 것이다. 재가의 출가란, 몸은 비록 세간에 있지만 욕망과 집착을 벗어나 보리심에 머물며 생사와 해탈이 둘 아님을 체득하는 것이다. 출가의 재가란, 비록 출가하였으나 탐진치를 벗어나지 못하고 생사의 업을 쌓아 가는 것을 말한다. 재가의 재가란, 삼보를 알지 못하고 영원히 생사 가운데 머물러 해탈을 구하지 않는 것이다.

출가하여 스님이 되는 것이 어찌 작은 일이겠는가.
편안함을 구하는 것도 아니요,
따뜻하고 배부름을 구하는 것도 아니요,
이익과 명예를 구함도 아니다.

오직 생사를 해탈하기 위함이요,
번뇌를 끊기 위함이다.
불조의 혜명을 잇기 위함이요,
삼계를 벗어나 중생을 제도하기 위함이다.

본분 일대사에 충실하지 못하고, 닭 벼슬보다 못한 명예와 이익에 탐착하고 있는 수행자들에게 내리는 청허 선사의 추상같은 장군죽비이다. 모름지기 수행자가 수행에 게을러지면 삶이 향기롭지 못하고, 출가사문이 명리를 탐하면 사문으로서의 생명이 단절되는 것이다. 출가자가 수행과 교화의 본분사를 망각하고, 돈과 권력에 휘둘리는 명리승, 어리석어 인과를 몰라 뉘우침이 없는 아양승, 먹고사는 생활에 급급한 호구승으로 전락해 가고 있다면 불조의 한숨이 천지에 가득할 것이 아닌가.

옛말에 결제는 몸이 출가함이요, 해제는 마음이 출가함이라. 해제와 결제를 생각하지 않으면 이것이 진짜 출가라고 하였다.

"땅이 산을 받들고 있되 산의 높고 낮음을 모르는 것과 같고, 돌이 옥을 머금고 있되 옥에 티 없음을 알지 못하는 것과 같으니, 이와 같이 하면 참된 출가라 하리라."라고 외친 보적 선사의 사자후가 귓전을 울리고 있다.

땅이 산이 되지만 산의 높낮이를 분별하지 않는 것과 돌 속에 옥이 있지만 옥에 티 없음을 분별하지 않는 것은, 세간과 출세간을 동시에 넘어서는 중도의 깨달음을 증득하는 것을 말한다. 즉, 불이의 중도를 체득하는 것이 참된 출가라고 말하고 있다.

이 사바세계에서
가장 존귀하고 아름다운 것이
출가이다.

이 몸 이전의 몸

산곡 거사(황정견)는 일찍이 발심하여 선을 닦아 명백한 경지에 이르렀다. 비록 벼슬에 나아가기는 했지만 항상 청빈한 삶으로 재가의 출가자로 살았다. 노년에 정자 하나를 지어서 자신의 모습을 그려 놓고 시를 한 수 지었다.

출가인 같으나 삭발하지 않았고
세속인 같으나 이미 속세를 떠났네.
꿈속에서 또 꿈을 꾸어
이 몸 이전에 또 몸 있었음을 깨달았네.

이른바 '이 몸 이전에 또 몸 있었음을 깨달았다.'고 하는 말에는 다음과 같은 연유가 전해져 오고 있다.

산곡이 26세 약관의 나이에 장원급제하여 고을 현감으로 부임하게 되었을 때의 일이다. 어느 날 현청 가득히 묻어나는 향 연기를 따라 좁은 골목길에 이르렀다. 한 노파가 대문 밖에서 제사를 지내고 있었다. 노파에게 집 밖에서 제사를 지내는 까닭을 물었더니,

"딸이 하나 있었는데 결혼도 하지 않고 열심히 경서만 읽다가 미혼으로 일찍 죽어서 밖에서 제사를 지낸다."라고 하였다.

집 안으로 안내 받아 제사의 주인공인 망인의 서재를 둘러보던 산곡은 깜짝 놀라고 말았다. 그 집 딸이 살아생전에 공부하던 책들을 펼쳐 본 순간, 그녀가 경서를 탐독하며 책에다 밑줄을 그어 놓은 부분이 산곡이 과거시험에 응시했을 때의 시제와 완전히 일치했다. 거기다가 그때 제출한 답안의 내용마저 꼭 그대로 적혀 있는 것이 아닌가.

죽은 해와 날짜, 전생의 소양과 습관 등을 들어본 결과 산곡의 현재와 거의 일치하는 것에 깜짝 놀랐다. 산곡은 노파의 여식이 자신의 전생사였음을 직감하게 되었다. 금생의 입신출세와 뛰어난 기량이 나만 금생사에서 비롯된 것만이 아니라, 전생에 쌓은 공덕과 익힌 노력의 결과라는 것을 깨닫게 되었다. 이로부터 인과를 확신하고 더욱 수행에 매진하였다.

사대부로서 진리의 체용을 터득하고 선비의 지조를 간직한 산곡 거사의 삶이 조선 시대를 살다 간 상촌신흠의 시 한 편에 투영되어 있음을 엿볼 수 있다.

오동나무는 천 년이 지나도 항상 그 곡조를 간직하고
매화는 일생을 춥게 살아도 그 향기를 팔지 않는다.
달은 천 번을 이지러져도 그 본질이 남아 있고

버드나무는 백 번을 꺾여도 새 가지가 돋아난다.*

사대부로서의 격조를 지니면서도 선수행자로서 무위의 삶을 살다 간 재가의 출가자인 산곡 거사의 삶은 불교 역사 속에서 부단히 회자되고 있다. 스승 소동파와 함께 당대 거사불교의 한 축을 담당한 고준한 재가수행자의 삶은 다른 이가 흉내 낼 수 없는 귀감이다.

―――

누가 말했다.
금생은 전생의 공덕으로 살고
금생의 공덕은 내생의 자량資糧이 된다고.

* 桐千年老恒藏曲 梅一生寒不賣香 月到千虧餘本質 柳經百別又新枝.

청정본연하거늘

낭야혜각 선사에게 좌주가 물었다.
"청정본연하거늘 어찌하여 홀연히 산하대지가 생겼습니까?"
낭야 선사가 큰 소리로 말했다.
"청정본연하거늘 어찌하여 홀연히 산하대지가 생겼는가?"
좌주가 그 말에 크게 깨달았다.

조선 시대 승과제도가 복원되어 선교 양종이 따로 과거를 치르게 되었다. 선종의 시험관인 허응당 보우 선사가 납자를 향해 물었다.
"청정본연하거늘 어찌하여 홀연히 산하대지가 생겼는가?"
한 납자가 큰 소리로 대답했다.
"청정본연하기에 홀연히 산하대지가 생겼습니다."
장원으로 급제하니, 그가 바로 서산 대사 청허휴정이다.

이 공안의 연원은 『능엄경』 4권에 제시되어 있다.

- 淸淨本然 云何忽生山河大地.

부루나 존자가 부처님께 질문하였다.

"청정본연하거늘 어찌하여 홀연히 산하대지가 생겼습니까?"

부처님이 말씀하셨다.

"부루나여, 그대가 말한 것과 같이 청정본연하거늘 어찌하여 홀연히 산하대지가 생겼겠는가? 그대는 내가 늘 '성각性覺이 묘명妙明하고 본각本覺이 명묘明妙하다.'고 하는 말을 듣지 못했는가?"

청정본연한 공적의 본체에 영지 작용이 펼쳐져 산하대지가 온전하다. 온전한 산하대지가 그대로 청정본연임을 알게 하는 것이 불조의 낙수자비落手慈悲이다.

———

청정본연의 진공眞空에서
산하대지의 묘유妙有가 펼쳐지고 있구나.

내생으로 이어지는 이유

영명연수 선사의 『종경록』에서 설하고 있다.

"일심은 생멸이 없건만, 식識은 금생의 몸을 버리면 다음 생의 몸을 받는다."

『현식경』에서 다음과 같이 설하고 있다.

"대약이 부처님께 여쭈었다.

'어떻게 분별하여 업식이 금생의 몸을 떠나 문득 다음 생의 몸을 받으며, 그 업식이 전생의 몸을 버리고 아직 새로운 몸을 받지 않았을 때는 어떤 모습을 하고 있습니까?'

부처님께서는 말씀하셨다.

'어떤 대장부가 용맹하고 강건하여 갑옷을 입고 달리는 말을 타고 적진으로 돌진하여 교전하다가 말에서 떨어지더라도 무예가 출중하고 민첩하여 다시 말 위로 뛰어오르는 것과 같다. 식이 선업을 바탕에 깔고 의지하다가 부모가 될 사람이 자리에 누워 있는 것을 보면 신속하게 그들을 의탁하여 태어나는 것 역시 이와 같다.

어떤 사람의 그림자가 물 위에 나타나면 그 그림자에는 취할 만

한 실제의 형상이 없지만, 얼굴이나 손발과 몸의 형상은 사람의 모습과 다르지 않다. 그러나 실제의 형상인 체질과 그 몸으로 행하는 행위가 그림자에는 전혀 없고, 체온이나 감촉까지도 없으며, 역시 몸을 이루는 사대요소도 없고, 괴로움과 즐거움의 감정에 따른 소리도 없다. 업식 이전의 몸을 버리고 새 몸을 아직 받지 않은 모습도 이와 같다.'

대약이 부처님께 말씀드렸다.

'실제의 형상이 없는 업식이 어떻게 생멸인연의 세력을 빌려 모양이 있는 육신으로 태어나며, 무엇 때문에 모양이 있는 육신은 인연세력의 안에 의지합니까?'

부처님께서는 말씀하셨다.

'이는 마치 나무를 비비면 불꽃이 일어나는 것과 같다. 그러나 이 불은 나무 속에서도 얻지 못하고, 그렇다고 나무를 여의고서도 또한 얻지 못한다. 따라서 여러 인연이 화합해야 불이 나오고, 여러 인연을 갖추지 못하면 불이 나오지 않는다. 그러나 나무 속에서 형상인 불의 모습을 찾아보아도 그 모습은 끝내 보이지 않지만 결국 불이 나무에서 나오는 것을 본다.

이처럼 대약아, 업식이 부모라는 인연과 화합하여 형상이 있는 육신으로 나오지만, 형상이 있는 육신 속에서 업식을 추구해 보아도 그 실제 모습은 얻지 못하며, 그렇다고 형상이 있는 육신을 떠난 별도의 업식도 없다. 이는 마치 불이 아직 나오기 이전에는 불의 모습이 나타나지 않고, 역시 따뜻한 감촉도 없어 불의 모습도 없는 나무와 같다.

대약아, 이와 같아서 만약 육신이 있지 않으면, 마음과 대상의 접촉에서 받아들이는 느낌[受]과 느낌에 따라 떠오른 표상[想]과 의도적인 마음 작용[行]과 의식하고 분별하는 인식작용[識]이 모두 나타나지 않는다. 수·상·행·식이 진행되고, 그것을 사려하고, 근심 걱정하는 이 모든 것이 식의 작용이다. 다시 선업·불선업으로 훈습된 종자가 현재 진행으로 작용하여 그것이 식의 모습으로 환하게 나타난다.

그러므로 식은 선업·불선업 등의 행위에 의탁하여 나타나며, 눈앞의 세계는 그 세계를 상대적으로 분별하는 마음을 좇으면서 출현한다는 점을 알아야 한다. 도산지옥을 만들고, 극락의 연화대를 만드는 이 모두가 식이 의탁하여 일으키는 각자 업의 결과인 것이다. 이루어진 결과를 분별하여 원인을 알고 결과를 보면 그 근본을 식별하게 된다. 그러므로 마음은 부처도 중생도 될 수 있으며, 천당도 지옥도 될 수 있다.'"

가기 싫은 지옥을 가고
가고 싶은 천당을 못 가는 것은
모두 자기가 지은 업식 때문이다.

거울에 비친 모습은
돌아서서는 볼 수 없다.

조계의 한 방울 물

어떤 스님이 법안문익 선사에게 물었다.
"무엇이 조계의 한 방울 물입니까?"
선사가 대답하였다.
"이것이 조계의 한 방울 물이니라."

이것이다. 묻고 답하고 있는 이것이다. 조계의 한 방울 물이란 불조가 면면부절 전해 온 정법안장인데, 그것이 바로 지금 물을 줄 알고 대답할 줄 아는 이 한 물건이다. 조계의 납자들 이것 하나 위해 신명을 바쳐 일구월심日久月深하였네.

조계의 한 방울 물이 온 대지를 적시니
천하 만물이 무성하더라.
해탈이 일념 그대로라면
생각 생각이 그대로 해탈이다.

부처와 중생이 없는 세계

나의 이름을 듣는 이는 삼악도를 면하고
나의 모습을 보는 이는 해탈을 얻게 하시어
이와 같이 중생을 교화하기를 오랜 세월이 지나서
마침내 부처도 중생도 없는 세계가 이루어지게 하소서.•

절에서 새벽 예불 말미에 올리는 행선축원문의 한 구절이다. 행선축원에서 행선行禪이란 참선수행을 의미한다. 나옹 선사께서 참선 납자들에게 참선수행을 하기 전에 행하는 의식으로 만들었기 때문에 우리나라만의 고유한 축원인 셈이다.

이것은 참선수행자들이 선의 종지인 견성성불과 요익중생을 함께 닦을 것을 권장하기 위해 만든 것이다. 견성(수행)하는 것이 요익(교화)하는 것이요, 요익하는 것이 견성하는 길이다. 하지만 견성과 요익이 회통되지 못하고 둘로 나누어져 견성에만 치중하는 치우친 수행풍토를 개선하고자 행선축원을 행하게 한 것이다. 문수의 지혜

• 聞我名者免三道 見我形者得解脫 如是教化恒沙劫 畢竟無佛及衆生.

와 보현의 행원이 원만하게 이루어지게 하는 것이 행선축원의 발원이다.

여기에 더 보태어 마음속으로 되뇌어 본다. '나의 말을 듣는 이는 모두 삼보에 귀의하고, 나의 글을 읽는 이는 모두 지혜를 얻게 되고, 나의 마음을 보는 이는 속히 성불하여지이다.'※

한국의 선불교는
상구보리와 하화중생이 하나 되는
행화일치行化一致의 선풍이다.

※ 聽我言者歸三寶 讀我章者得智慧 見我心者速成佛.

망념불기

신라 출신의 무상 선사는 중국의 오백나한에 모셔진 특이한 본색종사이다. 『역대법보기』에서 무상 선사가 '염불기念不起'에 대해 말하고 있다.

망념이 일어나지 않는 것이 계율문이요,
망념이 일어나지 않는 것이 선정문이며
망념이 일어나지 않는 것이 지혜문이다.*

계·정·혜 삼학을 망념불기의 선수행으로 통합하고 있음을 볼 수 있다. 즉 선의 수행으로 계·정·혜를 회통하여 선과 삼학의 일치를 말하고 있는 것이다. 망념생기인가, 망념불기**인가? 이것이 수행의 분기점이요, 해탈의 경계선이다. 망념이 일어나면 윤회고통이요, 망념이 일어나지 않으면 해탈열반인 것이다.

* 念不起是戒門 念不起是定門 念不起是慧門.
** 망념생기妄念生起란 망념이 일어나는 것이요, 망념불기妄念不起란 망념이 일어나지 않는 것이다.

4권 『능가경』을 번역한 구나발타라가 일찍이 "마음이 일어나지 않는 자리[心不起處]"를 체득하는 것이 수증문임을 밝힌 이래로, 선가에서는 줄곧 일념수행에 대한 중요성을 언급하고 있다.

신수는 "망념이 일어나지 않는 것이 보살이요, 일체 상을 여읜 것이 부처"라고 말하였다.

혜능은 "망념이 일어나지 않는 것"이 좌선의 좌坐라고 말하고, 아울러 "생각하되 생각하지 않음"이 무념이라고 설하고 있다.

신회 또한 "망심이 일어나지 않는 것이 계"라고 말한 바 있다.

지공 화상은 "망념이 일어날 때 망념이 본래 공空하여 또한 일어난 바가 없어서[妄念無起], 그 가운데서 자재한 것은 곧 망념이 비록 일어나지만 실로 온 곳이 없다."라고 하였다.

종문에서는 망념불기로써 계·정·혜 삼학을 회통하여 선수행의 핵심요체로 삼고 있다. 따라서 수행은 일념수행이요, 해탈도 일념해탈이라고 말하는 것이다. 일념을 떠나서는 수행도 없고, 해탈도 없다.

수행이 일념 가운데 있다면
생각 생각이 수행 아님이 없다.
해탈이 일념 그대로라면
생각 생각이 그대로 해탈이다.

마음 닦는 일

규봉종밀 선사가 말했다.

"얼어붙은 얼음이 전체가 물인 줄을 알지만 햇빛을 받아야 녹고, 범부가 곧 부처임을 깨달았더라도 법력을 빌려 닦아 익혀야 한다. 얼음이 녹으면 물이 흘러 논밭에 대거나 씻기도 하듯이, 망상이 없어지면 마음이 영통해서 신통광명의 작용을 내는 것이다. 그래서 마음을 닦는 일 말고는 따로 수행하는 길이 없다."

고려의 야운 선사는 "삼 일 동안 닦은 마음 천 년의 보배요, 백 년 동안의 간탐은 하루아침의 티끌이다."*라고 하였다.

아침 해가 뜨면 이슬은 점차로 녹으며, 사자가 새끼를 낳으면 겉모양은 사자지만 젖을 먹고 커야 사자 구실을 할 수 있다. 중생 또한 본래부처인 줄 알았지만 수행을 통해야 지혜와 복덕을 갖춘 천인사天人師가 될 수 있다.

종밀은 "만약에 자심이 본래 청정함을 단박에 깨달으면 원래 번뇌가 없고 무루지성無漏智性을 본래 스스로 구족했으며, 이 마음이

---

* 三日修心千載寶 百年貪物一朝塵.

곧 부처이며 필경에는 다른 것이 없다."라고 말했다. 아울러 "이를 의지해서 닦는 것이 최상승선이며, 여래청정선이다."라고 하였다. 따라서 먼저 깨닫고 이를 의지해 닦는 것*이 수증의 철칙이라 말하는 것이다.

거울에 비친 모습은
돌아서서는 볼 수 없다.

* 먼저 깨닫고 이를 의지해 닦는 것을 수증론에서 선오후수先悟後修라고 한다.

병 속의 병아리

지방에 태수로 부임한 이고는 일찍이 약산 선사를 참문하고 견처를 발명하게 되었다. 어느 날 이고 거사가 남전보원 선사를 예방하고 법을 물었다.

"옛날 어떤 사람이 병 속에 병아리 한 마리를 키웠습니다. 병아리가 점점 커서 마침내 병에서 꺼낼 수가 없게 되었습니다. 병아리를 끄집어내야 하는데 병을 깨뜨려서도 안 되고, 병아리를 다치게 해서도 안 됩니다. 선사께서는 어떻게 하시겠습니까?"

이때 갑자기 남전 선사가 크게 "태수!" 하고 불렀다.

이고는 엉겁결에 대답했다.

"예."

"야, 나왔다."

말을 따라가면 언제나 이원二元이라는 수렁에 빠지고 만다. 분별이라는 굴레에 빠져 살고 있는 중생의 사유체계에서는 벗어나려고 하면 할수록 더욱더 헤매게 된다.

병아리라는 틀을 만들어 놓고 병 안과 병 바깥이라는 이원적 분별로써는 해결될 수 없는 문제이다. 문제의 틀이 해체될 때만이 자유로워질 수 있다. '예'라고 하는 한마디의 순수의식은 그 어디에도 걸림이 없다.

병아리는 애초에
병 속에 들어간 일도 없고 나올 일도 없다.
생각으로 지어 놓고 생각으로 시비함이
분별망념이다.

아미타불은 어디 있는가

나옹혜근 선사가 제시했다.

아미타 부처님 어느 곳에 계시는가.
마음에 꼭 붙들어 매어 절대로 잊지 마라.
생각하고 생각해서 생각 끊어진 곳에 이르면
몸과 마음에서 항상 자금색 광명 빛나리.[*]

자성 미타 어느 곳에 계시는가.
언제나 생각하고 생각하여 모름지기 잊지 마소.
갑자기 어느 날 생각마저 잊게 되면
천지 만물로 덮어도 감추지 못하리.^{**}

『나옹화상가송』에 수록된 염불 행자들에게 제시하고 있는 게송

- 阿彌陀佛在何方 着得心頭切莫忘 念到念窮無念處 六門常放紫金光.
- 自性彌陁何處在 時時念念不須忘 驀然一日如忘憶 物物頭頭不覆藏.

이다. 정토에서는 정토의 아미타요, 선에서는 자성의 아미타이다. 염불을 통하면 원력정토의 왕생이고, 참선을 통하면 유심정토의 발현이다. 서방 미타의 염불과 자성 미타의 참선이 일심의 수증으로 하나 됨을 선정일치禪淨一致라 한다.

나옹 선사에게 누이 한 분이 있었는데, 동생이 큰스님이라는 사실만 믿고 수행을 게을리한 모양이었다. 누가 물으면 "내 동생이 큰스님인데 내가 열심히 닦지 않더라도 큰스님이 알아서 잘해 줄 것"이라고 말하곤 했다.

어느 날 화상께서 돌아앉아 말없이 혼자서 공양을 하고 있었다. 누이가 서운한 마음에 "스님께서는 어찌 혼자만 공양을 드십니까?"라고 하자, "내가 대신 밥을 먹어드리니 누이의 배가 부를 것입니다."라고 했다.

"혼자 밥을 먹는데 어찌 제 배가 부를 수 있겠습니까."

"그렇습니다. 다른 사람이 대신 밥을 먹어 줄 수 없습니다. 자기 배가 부르기 위해서는 자기가 밥을 먹어야 하듯, 수행 또한 마찬가지입니다."

이후로 누이는 발심하여 일심으로 '나무아미타불'을 불러 왕생극락을 발원하였다. 세월이 흐른 후 누이의 염불수행이 어느 경지에 이르렀을 때 서방西方과 유심唯心, 타력他力과 자력自力이 둘이 아닌 선정겸수禪淨兼修의 도리를 깨우쳐 주기 위해 선사께서 일러 준 게송이기도 하다.

처음에는 왕생을 발원하고 칭명으로 아미타불을 불렀지만, 부르고 또 불러 일심불란一心不亂의 경지에 이르게 되면 서방과 자성이 하나가 되고, 염불과 참선이 일치하게 된다. 즉 아미타불을 부르는 염불과 '염불시수念佛是誰'*의 화두가 모두 일념에서 이루어지는 수증의 방편인 까닭에 염불이 화두가 되고, 화두가 염불이 되어 무념 삼매가 이루어지게 된다. 나옹 선사가 노래했다.

한 생각 일어나지 않아 밝고 밝으니
아미타불은 별다른 곳에 계시지 않다네.
온몸 그대로 연화국에 앉았다 누우니
곳곳이 극락세계 아닌 곳 없어라.**

염하고 또 염해서
염하지 않아도 저절로 염해질 때가
바로 시절인연이 도래한 때이다.

* '염불하는 자가 누구인가[念佛者是誰]'라는 화두이다.
** 一念忘時明了了 彌陀不在別家鄉 通身坐臥蓮花國 處處無非極樂堂.

누가 선사인가

어떤 사람이 도신 선사에게 물었다.
"어떤 사람이 선사입니까?"
"고요함과 산란함에 장애 받지 아니하면, 곧 훌륭한 선禪으로 용심하는 사람이다."

경계가 없는 가운데서 고요하기란 쉽다. 그러나 그러한 고요함은 경계가 닥쳐오면 곧바로 무너져 버린다. 사람들은 선을 닦기 위해 고요한 아란야를 찾고 있지만 실로 경계가 고요하다고 공부가 저절로 되는 것은 아니다. 달마가 말하기를, "오온굴택이 선방이다."라고 하였다. 지금 한 생각 일어나고 있는 오온·십이처·십팔계의 현장에서 오롯이 공부해야 참공부라 할 수 있다.

『단경』에서 "일체 걸림이 없어서 밖으로 모든 경계 위에 생각이 일어나지 않는 것이 앉음[坐]이며, 안으로 본래 성품을 보아 어지럽지 않은 것이 선禪이다."라고 하였다.

거듭 말하기를, "무엇을 선정이라 하는가? 밖으로 모양을 떠남이 선이요, 안으로 어지럽지 않음이 정이다. 밖으로 선하고 안으로 정하는 것을 곧 선정이라 이름한다." 하였다.

항상 선정[止]에 머무르면 마음이 적정해지고, 오랫동안 지혜[觀]에 머무르면 마음이 산란해지기 쉽다. 선정과 지혜를 함께 닦아야 도에 이르러 중생을 제도할 수 있게 된다. 『법화경』에서 설하길, "부처님은 대승에 자재하여 그 얻은 바 법 그대로 정혜력으로 장엄하나니, 이로써 중생을 제도한다."라고 하였다. 그래서 정혜를 쌍수하라고 가르치는 것이다.

고요한 한처에서 선정으로 세월을 보내는 수행자가 있다거나, 들떠 있는 지혜로써 수행을 삼는 사람이 있다면 분명 반쪽짜리 수행자에 불과하다. 진정한 선사는 고요함에 있되 고요함을 여의고, 시끄러움 속에 있되 시끄러움도 떠나는 수연자재한 삶을 살아간다. 선정과 지혜의 힘이 고루 갖추어졌기 때문이다.

도는 모름지기 통하여 흘러야 한다. *
마음이 자재하면 곧 통하여 흐르는 것이요,
머물면 곧 정체되어 속박이 된다.

* 道卽通流.

가장 급한 일

어떤 남자가 조주 선사께 물었다.
"무엇이 급한 일인지 스님께서 말씀해 주십시오."
"오줌 누는 것이 작은 일이긴 하나 내가 몸소 가야만 되는 일이다."

그렇다. 오줌 눌 때는 오줌 누는 일이 가장 급한 일이고, 똥 눌 때는 똥 누는 일이 가장 급한 일이다. 마찬가지로 밥 먹을 때는 밥 먹는 일이, 잠잘 때는 잠자는 일이 가장 급한 일이다. 눈앞에 닥친 일이 가장 급한 일임이 명백하다. 그런데 사람들은 생사 가운데 있을 때 생사 문제가 가장 급한 일인 줄 모르고 산다. 생사가 한 생각 일어나고 사라지는 데 있는 줄 모르고 있기 때문일까? 인생에서 가장 급하고 큰 일이 생사대사이다.

―――
있는 것을 비울지언정
없는 것을 채우려 하지 말라.

참구를 종지로 삼다

송誦은 염念만 못하고

염은 관觀만 못하며

관은 참參만 못하다.

용성진종 선사의 주장이다. 송은 경을 독송하는 것이고, 염은 염불하는 것이고, 관은 관법을 행하는 것이며, 참은 화두를 참구함을 말한다. 용성 선사는 참·관·염·송을 구분하여 우열을 주장하면서도, 한편 근기와 병통에 따라 다르게 대치할 것을 주문하고 있다. 다만 "화두를 참구한다는 것은 견해가 없어지고 궤칙을 영원히 끊는 것이니, 우열을 논할 대상이 아니다."라고 말하여, 간화 경절문이 최상승의 수증방편임을 천명하고 있다.

그런데 이 말을 화두 공부에 적용해 본다면, 화두를 의심하여 참구함이 제일이요, 의심 없이 화두를 관하고 있다면 그다음이요, 화두를 생각하는 염화두가 그다음이요, 염화두도 아닌 송화두를 하고 있다면 가장 하열한 공부가 되는 것이다. 화두는 반드시 의정으로 참구해야 함을 분명하게 말하고 있다.

거듭 말하기를, "이 간화선의 문으로 마음을 돌려 자기 집안의 고유한 심성을 참구해 만겁에 썩지 않는 좋은 인연을 심는 것이 어떻겠는가?"라며 화두 참선을 권장하고 있다. 특히 '참구위종參究爲宗', 즉 '화두 참구를 종지로 삼는다.'고 말하여 수행의 종지를 분명히 밝히고 있다. 혜능 선사가 무념을 종지로 삼아[無念爲宗] 남종선의 종지를 표방하고 있는 것과 궤를 같이하고 있다.

무량한 수행문 가운데 참선이 제일이라네.
천생 만생 태어나도 바로 여래의 방에 앉으리.

이것은 생사대사를 해결하려면 반드시 조사관(화두)을 참구해야 한다고 주장한 청허휴정 선사가 한 말이다. 화두를 의심하려 하지 않아도 저절로 의심이 될 때가 공부인이 힘을 더는 곳이다. 바로 이 경계에 이르고 나서야 생사의 길을 끊을 수 있기 때문이다. 만약 이 말을 따르지 않는다면 당나귀 해까지 기다려야 할 것이다.

수도하는 데 세 가지 어려움[修道三難]이 있으니
첫째, 스승을 간택하기 어렵고
둘째, 일찍 인연 만나기 어렵고
셋째, 큰 그릇 되기 어렵다.

모두가 보리이다

모름지기 몸과 마음이 있는 자리
발을 들고 내리는 그 자리가 항상 도량에 있음이며
행하는 것 모두가 보리이다.

사람들은 이렇게 생각한다. 여기 내가 있고 저기 세계가 있어서, 내가 세계에 태어났다 죽는다고 여겨 나와 세계를 이원적으로 보고 있다. 그러나 나는 세계의 나요, 세계는 나의 세계일 뿐이어서 나와 세계는 실체로 존재하는 것이 아니다. 눈앞에 보이는 모든 것이 허망이다.

꿈속에서 분명하게 나와 세계가 존재하지만 꿈을 깨고 나면 나와 세계는 마음이 만든 허상에 불과하다는 것을 알 수 있다. 한 생각이 조작한 몽환의 세계에 휘둘리고 있음이 꿈이다. 문제는 간밤의 꿈만이 꿈이 아니고, 지금 이 생시마저도 꿈이라는 것이다. 그래서 경허는 도시몽중都是夢中* 이라 말하고 있다.

* 모든 것이 꿈이라는 뜻이다.

나와 세계가 온통 마음이 만들어 낸 허상이기 때문에 나도 없고 세계도 없는 것이다. 우주 법계가 온통 하나의 마음일 뿐이다. 이 마음은 생겨난 일도 없고, 사라진 일도 없다. 그래서 불생불멸不生不滅이다.

도신이 말했다.

"무릇 백천 법문이 모두 마음으로 돌아간다. 무수한 미묘 덕행이 모두 마음을 근원으로 삼는다. 일체 계·정·혜의 법문과 갖가지 신통변화가 모두 너의 마음 가운데 갖추어져 있으며, 또한 우리의 마음을 떠나 있지 않다. 일체의 번뇌 업장이 본래 공적하며, 일체의 인연과보 역시 모두 꿈 가운데 일이다. 삼계를 벗어날 것이 없으며, 보리 지혜 또한 구할 것이 없다. 사람과 사람 아닌 일체 생명이 모두 평등한 법성을 갖추고 있다. 대도는 허공과 같이 걸림이 없어 사량분별이 끊어진 자리이다."

내가 숨 쉬고 있는 여기가 그대로 원각도량이며, 행하는 모든 것이 바라밀로 드러나는 보살정토이다.

―

눈앞에 보이는 모든 것이 거짓이다.
아니다.
부딪치는 모든 것이 진실이다.

일대사인연

성품을 보아 부처를 이루고
일체중생을 이익되게 하라.*

『법화경』에서 부처님께서는 '일대사인연'에 의해 이 사바세계에 오셨다고 하였다. 일대사인연이란 "불지견(佛知見: 불성)을 열어[開] 보이어[示] 깨달아[悟] 들게[入] 하는 것"이다.

『화엄경』에서는 부처님께서 정각을 이루신 연후에 법계의 중생을 살펴보니, "모든 중생이 여래와 똑같이 지혜 덕상을 갖추고 있음을 보았다."라고 하였다. 대승경전에서 설하고 있는 일대사인연은 부처와 중생이 둘이 아님을 밝힌 것이다.

대승불교의 실천정신을 계승한 선종에서는 '견성성불, 요익중생'을 그 종지로 제시하고 있다. 즉 참선수행을 통해 불성을 깨달아 부처를 이루고, 일체중생을 부처로 섬기는 것이 선종의 핵심 가르침이다.

* 見性成佛 饒益衆生.

한국불교의 새벽, 원효 역시 모든 종파를 화쟁하는 종지로서 '귀일심원, 요익중생'*을 설하고 있다. 일심중도의 근원으로 돌아가, 모든 중생을 이익되게 하는 것이야말로 한국불교의 중심사상이다.

일심의 중도로 돌아가는 것은 문수의 지혜를 통한 수행으로 이루어지고, 중생을 요익되게 하는 것은 보현의 행원을 통한 교화로 이루어진다. 이른바 수행과 교화가 수행자의 행동 강령이자 삶의 토대이다. 수행과 교화가 함께 어우러진 삶[行化一致]이 출가사문의 제일 명제가 되어야 한다.

역대 조사들은 출가한 그날부터 걸음걸음마다 염불을 외우고, 생각 생각에 화두를 참구하고, 움직임마다 중생을 섬기는 공부를 게을리하지 않았기에 일대사를 해결한 장부가 되었다. 나도 할 수 있다는 신심과 발심을 새롭게 해서 바로 정각을 이루어 나가는 진정한 출격장부가 되어야 한다.

맹구우목盲龜遇木**인데
부처님 법을 만났으니
이보다 더한 홍복弘福이 어디 있겠는가.

---

* 歸一心源 饒益衆生.
** 큰 바다의 눈먼 거북이 백 년에 한 번씩 물 위로 올라와 마침 구멍 뚫린 나무판자를 만나 잠시 거기에 목을 넣고 쉴 수 있는 것처럼 어려운 일이라는 뜻.

온몸이 입이 되어

천동여정 선사가 추녀에 매달린 풍경을 보고 읊었다.

온몸이 입이 되어 허공에 매달려 있네.
동서남북 바람을 가리지 않고
언제나 바람 따라 반야를 노래하네
땡그랑 땡그랑 땡그랑 땡그랑….*

수양버들 가지마다 긴 팔이 되어 하늘에 매달려 있네. 봄 여름 가을 겨울 시절을 가리지 않고, 언제나 바람 따라 춤을 춘다. 가지마다 춤을 추니 바람이 보이고, 소리가 들리네. 바람과 소리를 동시에 볼 줄 알아야 이것이 여실한 시절인연을 알았다 할 것이다.

눈을 뜨고 보면 두두頭頭가 비로요, 귀를 열고 보면 물물物物이 법신이다. 새들이 화엄을 설하고, 꽃들이 삼매에 들었다. 어찌 문자와 언설이 꼭 필요하겠는가. 밖에서 들어온 것은 보물이 아니다. 안에

* 通身是口掛虛空 不管東西南北風 一等與渠談般若 滴丁東了滴丁東.

서 얻은 것이야말로 진정한 보물이다. 자득하고, 체득해야 한다. 부처의 길도 가지 않고, 조사의 길도 가지 않는 이가 자기의 길을 가는 올곧은 행자이다.

본적 선사는 늘 이렇게 법문하였다.

"자기 일을 밝히면 저 모든 일을 굴려 그대 자신의 살림을 삼게 되겠지만, 만일 자기 일을 밝히지 못하면 그대들이 여러 성인에게 인연이 되어 주고, 여러 성인이 그대에게 경계가 되어 경계와 인연이 서로 어울려도 깨달을 기약이 없을 것이니 어찌 자유로울 수가 있겠는가. 몸소 완전히 체득하지 못하면 저 모든 일을 굴려 떨쳐 버릴 수 없을 것이며, 만일 완전히 체득하여 묘연히 얻으면 모든 일을 굴려 등 뒤로 던져두고 하인으로 삼을 것이다. 그러므로 옛 스승께서 말씀하시기를, '본체는 미묘한 곳에 있으니 쓸데없는 짓 하지 말라.'고 하셨다."

용아 선사가 도사 여동빈에게 준 게송이다.

어찌하여 아침 시름이 저녁 시름으로 이어지는가.
젊어서 공부 안 하면 늙어서 부끄러워진다.
여룡은 밝은 구슬 아끼지 않는데도
요즘 사람 스스로 구할 줄 모르네.※

※ 何事朝愁與暮愁 少年不學老還羞 明珠不是驪龍惜 自是時人不解求.

외로이 홀로 걸어가는 나그네여,
천지가 스승이 되고, 만물이 동무가 되네.
제발 속물근성 버려
아침 시름 저녁까지 가져가지 마소.

무위정법의 향

향을 피워 올리는 것은, 밖으로 모양이 있는 향을 피우되 안으로 모양을 여읜 무위정법無爲正法의 향을 피우는 것이다. 향 공양은 오염된 환경과 무명업식을 훈습하여 모두 소멸케 한다.

일반적으로 사람들은 향을 피우는 행위를 통해 마음을 청정하게 하고, 또한 도량을 정갈하게 하고자 하는 바람이 있다. 하지만 수행자의 입장에서 보면, 향을 피운다는 것은 자신을 태워 주위를 청정케 한다는 소향燒香 의식으로 이루어져야 한다. 나라고 하는 아집을 태워서 진실된 법계와 하나 되는 행위가 소향의 깊은 뜻일 것이다.

또한 향을 피우는 것은 오염의 소멸을 통해 청정을 발현하는 수증의 행위이다. 번뇌의 소멸로 보리가 드러나고, 생사의 소멸로 열반이 드러나고, 중생의 소멸로 부처가 드러나게 하는 것이다. 이것은 하나가 소멸되고 다른 하나가 드러나는 구조가 아니라, 향운으로 인해 번뇌가 그대로 보리이고, 생사가 그대로 열반이며, 중생이 그대로 부처임을 깨닫게 되는 것이다. 이때의 향은 형상의 향이 아니라, 수행과 깨달음의 향이 되기에 무위정법의 향이라고 말하는 것이다.

혜능 조사는 다섯 가지 법신향을 말하고 있다. 첫째 계향이니, 능히 모든 악을 끊고 모든 선을 닦는 향이요, 둘째 정향이니, 깊이 대승을 믿어 마음에서 물러남이 없는 것이요, 셋째 혜향이니, 몸과 마음을 안으로 관찰하는 것이요, 넷째 해탈향이니, 능히 일체 무명의 결박을 끊는 것이요, 다섯째 해탈지견향이니, 항상 밝게 관조하여 걸림 없이 통달하는 것이다.

이 무위정법의 향은 세간에 견줄 수 없는 최상의 향이다. 일체처 일체시에 최상의 향을 피워 아집과 법집을 청정하게 장엄함이 최상승의 수행자이다.

나의 생각이 향기요,
나의 말이 향의 연기이며
나의 행동이 향의 훈습이다.

업보는 있으나 짓는 자가 없다

영명연수 선사가 말했다.
"마음이 곧 업이며 업이 곧 마음이어서
업은 마음에서 생겨났다가 마음을 따라 받게 된다.
어떻게 하면 업보를 없앨 수 있는가.
지음이 없음을 깨닫기만 하면 업은 저절로 없어진다.
그러므로 악업을 지음이 없음을 알면
이생에서 부처를 이룰 수 있다.
비록 업을 짓는다 하지만 짓는 자가 없다는
그것이 바로 여래의 비밀한 가르침이다."

『잡아함경』은 설하고 있다.
"업보는 있으나[有業報], 짓는 자가 없다[無作者]."
업보는 작용하고 있지만 업보를 짓는 자는 그 어디에도 존재하지 않는다. 우리는 한 생각이 일어났을 때 그 생각을 일으킨 주체가 있다고 여긴다. 그러나 부처님은 이를 부정한다.

『금강경』은 설하고 있다.

"마땅히 머문 바 없이 그 마음을 내라."

한 생각 일어남에 생각을 일으킨 자(주체)도 공空하고 생각의 대상(객체)도 공空하다. 주객이 함께 공한 도리를 모르고, 주객이 합하여 이루어진 의식으로 나다 너다 집착하고 있는 것이다. 생각을 일으킨 자도 공하고, 그 대상도 공하다면 어디에 머물러 집착함이 있겠는가.

즉 생각이 있기 때문에 생각을 일으키는 자가 있다고 여기지만, 생각을 일으키는 자는 실재하지 않는다. 다만 생각으로 지어낸 허상으로 생각 일으킨 자가 있을 뿐이다. 사람들은 상속되는 자아가 있다고 착각하고 있기 때문에 나를 세워 괴로워하고 있다.

행위(업)의 과보는 분명히 작용하지만, 행위의 주체로서의 동일성(나)은 연속되지 않는다. 다만 행위로서의 업보만 흘러갈 뿐이다. 행하는 행위는 있으나 행위하는 주체는 공이다. 업은 마음으로 짓는다. 마음이란 본래 공이라 그림자에 불과하다. 마음이 없음을 알면 업은 절로 없어진다. 즉 마음을 일으킨 자가 없으니 지은 바 없이 짓는 업일 뿐 고정된 실체가 없다. 그래서 이 도리를 깨달으면 지금 바로 부처를 이룬다고 하는 것이다.

업보만 잘 청산하면 된다.
짓고 받는 자는 애초에 없다고 하지 않는가.

전등수필
傳燈隨筆

달을 듣고 바람을 보네

| 초판 1쇄 발행 2023년 8월 20일

| 지은이   월암
| 펴낸이   오세룡
| 편집   윤예지 손미숙 박성화 여수령 허 승 정연주
| 기획   최은영 곽은영 최윤정
| 디자인   김효선 고혜정 최지혜 박소영
| 홍보·마케팅   정성진

| 펴낸곳   담앤북스
              서울특별시 종로구 새문안로3길 23
              경희궁의 아침 4단지 805호
              전화 02)765-1251(영업부) 02)765-1250(편집부)
              전송 02)764-1251
              전자우편 dhamenbooks@naver.com

| 출판등록 제300-2011-115호

| ISBN 979-11-6201-820-0 (03220)

- 이 책은 저작권법에 따라 보호받는 저작물이므로 무단 전재와 복제를 금합니다.
- 이 책 내용의 전부 또는 일부를 이용하려면 반드시 저작권자와 담앤북스의 서면 동의를 받아야 합니다.

정가 16,800원